Ingeborg Becker-Textor/Martin R. Textor

Der offene Kindergarten – Vielfalt der Formen

W0065868

Ingeborg Becker-Textor
Martin R. Textor

Der offene Kindergarten – Vielfalt der Formen

Herder Freiburg · Basel · Wien

Gedruckt auf umweltfreundlichem, chlorfrei gebleichtem Papier

2. Auflage

Einbandfoto: Hartmut W. Schmidt, Freiburg
Textfotos: Von den Autoren gesammelt, alle Rechte bei den Autoren

Gedruckt auf umweltfreundlichem, chlorfrei gebleichtem Papier

2. Auflage

Einbandfoto: Hartmut W. Schmidt, Freiburg
Textfotos: Von den Autoren gesammelt, alle Rechte bei den Autoren

Alle Rechte vorbehalten – Printed in Germany
© Verlag Herder Freiburg im Breisgau 1997
Herstellung: Freiburger Graphische Betriebe 1998
ISBN 3-451-26290-8

Inhalt

Einleitung

Ingeborg Becker-Textor und Martin R. Textor

In unserer Gesellschaft ist das Wort „offen" ein positiv besetzter Begriff mit vielen Bedeutungen. Für sich selbst „offen" zu sein, heißt, sich zu kennen, Zugang zu seinem Innersten zu haben, seine Empfindungen, Bedürfnisse, Gefühle usw. wahrzunehmen. Zu sich selbst „offen" zu sein, bedeutet, die eigenen Gedanken, Emotionen, Wünsche und Probleme auch zu akzeptieren, zu sich selbst ehrlich zu sein. „Offen" heißt aber auch, sein Inneres zu „offenbaren", Einblick in seine Lebenssituation zu gewähren, keine Geheimnisse zu haben, aufrichtig zu anderen zu sein, sich eindeutig und klar auszudrücken. „Offen" bedeutet, für die „Öffentlichkeit", die Allgemeinheit, die anderen Menschen zugänglich zu sein. Mit „offen" hängt auch der Begriff „veröffentlichen" zusammen – etwas „öffentlich" bekanntzumachen bzw. zu publizieren. Ferner heißt „offen", für außen Existierendes oder von außen Kommendes zugänglich zu sein, die Umwelt in ihrer ganzen Komplexität wahrzunehmen, die Lebenssituation, Bedürfnisse und Wünsche anderer Menschen zu erkennen, von außen etwas hereinzulassen. Außerdem kann man nicht nur „sich öffnen", sondern auch „etwas öffnen", also z.B. andere Institutionen „offen" machen oder neue Erfahrungsfelder „eröffnen". Schließlich kann etwas nach außen hin, in die „Öffentlichkeit", verlagert werden.

Der Begriff „offen" ist in den letzten Jahren vermehrt auf Kindergärten und Kindertagesstätten angewendet worden. Aufgrund seiner vielen Bedeutungen ist auch im Bereich der Kinderbetreuung Unterschiedliches gemeint:

- Öffnung des Kindergartens für die Lebenssituation der Kinder und ihrer Familien: Situationsanalysen werden z.B. im Zusammenhang mit der Ermittlung des Bedarfs an Kinderbetreuung, der Erstellung einer Konzeption, der Jahres-, Monats- bzw. Wochenplanung oder der Arbeit nach dem Situationsansatz durchgeführt. Sie können auch zu einer Verlängerung der Öffnungszeiten führen.
- Öffnung des Kindergartens für die Perspektive der Kinder: Immer mehr setzt sich das Bild vom Kind als eigenständige Persönlichkeit

mit bestimmten Entwicklungsbedürfnissen und Interessen durch. Erzieherinnen nehmen die ihnen anvertrauten Kinder ernst, fragen nach ihren Wünschen und Ideen, akzeptieren ihre Sichtweisen. Sie räumen ihnen altersgemäße Mitbestimmungsrechte ein, beteiligen sie an der Planung von Aktivitäten und dem Setzen von Regeln, lassen sie ihre Probleme und Konflikte artikulieren und selbst lösen, wozu mancherorts regelmäßige Kinderkonferenzen oder Gruppenbesprechungen eingeführt wurden. Den Kindern werden größere Freiräume gelassen, so daß sie selbständig und eigenverantwortlich zu handeln lernen.

● Öffnung der Kindergartengruppen für Kinder mit einem besonderen Integrationsbedarf: Durch die Aufnahme von behinderten, chronisch kranken, verhaltensauffälligen, entwicklungsverzögerten, ausländischen, Aussiedler- und Asylantenkindern wird der zunehmenden Differenzierung und Spezialisierung in unserer Gesellschaft begegnet, die sich z.B. in der Schaffung von (immer mehr) Sondereinrichtungen zeigt. Zugleich soll eine Ausgliederung von Behinderten, Ausländern u.a. aus der Gesellschaft verhindert werden.

● Öffnung der Kindergartengruppen zueinander: Durch gruppenübergreifende Angebote, die selbständige Nutzung von Funktionsräumen durch Kinder oder gar die Auflösung von Gruppen werden Kindern mehr Wahlmöglichkeiten eröffnet, so daß sie Aktivitäten entsprechend ihrer aktuellen Entwicklungsbedürfnisse, Interessen und Wünsche auswählen, selbstbestimmt handeln und Eigenverantwortung übernehmen können.

● Öffnung der Kindergartengruppen für jüngere und ältere Kinder: Durch die breite Altersmischung werden neue Erfahrungs-, Lern- und Handlungsfelder für die Kinder erschlossen. Zugleich soll mehr Kontinuität in ihre Betreuung gebracht werden. Aber auch pragmatische Motive spielen eine Rolle: Für bisher unterversorgte Altersgruppen werden Betreuungsangebote gemacht, oder durch die Aufnahme von Kleinst- bzw. Schulkindern soll der Existenzbedrohung von Kindergärten durch zurückgehende Kinderzahlen begegnet werden.

● Öffnung des Kindergartens für Eltern und andere Familienmitglieder: Die pädagogische Arbeit wird transparent gemacht, so daß Eltern sie zu Hause und in der Öffentlichkeit unterstützen können. Auch werden ihnen Mitbestimmungsrechte und Möglichkeiten zur

Mitarbeit eingeräumt, die zugleich zu einer Entlastung der Fachkräfte führen können. Oft sollen außerdem Familienerziehung und Freizeitverhalten beeinflußt, soll Familienselbsthilfe initiiert werden.

● Öffnung des Kindergartens zu seinem Umfeld hin: Die Kinder verlassen die „Sonderumwelt" Kindertagesstätte, um in der Natur oder im Gemeinwesen lebensnahe (Lern-)Erfahrungen zu machen. Der Kindergarten wird in der (Kirchen-)Gemeinde präsent und bereichert das Gemeindeleben. Mit anderen Institutionen und Gruppierungen werden gemeinsame Aktivitäten durchgeführt. Vereinzelt werden auch Außenstehende in die pädagogische Arbeit im Kindergarten eingebunden oder Angebote für sie entwickelt.

● Öffnung des Kindergartens zu psychosozialen Einrichtungen hin: Um Kindern mit besonderen Bedürfnissen und Familien mit Belastungen besser helfen zu können, bauen Kindergärten einen kontinuierlichen Kontakt zu Beratungsstellen, Jugendämtern, sozialen Diensten usw. auf. Zugleich nutzen sie vielfach diese Beziehungen zur Verbesserung der eigenen (heilpädagogischen) Arbeit.

● Öffnung der Kindergartenteams: Wie bereits angesprochen, werden mancherorts Eltern oder Außenstehende in die Vorbereitung und Durchführung besonderer Aktivitäten oder in Projekte einbezogen, wobei die Zusammenarbeit kurz- oder mittelfristig sein kann. In manchen Teams arbeiten Fachkräfte mit andersartigen Ausbildungen (z.B. Heilpädagoginnen) kontinuierlich oder periodisch mit. „Bunte" Teams entstehen.

● Öffnung des Kindergartens zu Ausbildungsstätten und zum Fortbildungsbereich hin: Einige Einrichtungen versuchen, durch besondere Aktivitäten die Ausbildung von Erzieherinnen zu verbessern. Andere Kindergärten, die zumeist sehr gut sind oder außergewöhnliche bzw. neue Schwerpunkte in ihrer pädagogischen Arbeit gesetzt haben, öffnen sich für (Fach-)Besuchergruppen und entsenden Fortbildner.

● Öffnung des Kindergartens zu den Medien hin: Einige Einrichtungen arbeiten kontinuierlich oder sporadisch mit der Redaktionen örtlicher, regionaler oder überregionaler Zeitungen, Fernsehstationen und Rundfunksender zusammen. Öffentlichkeitsarbeit umfaßt aber auch die Selbstdarstellung von Kindergärten gegenüber Eltern und (Kirchen-)Gemeinde.

● Öffnung des Kindergartens für Politik: Einige Einrichtungen greifen politische Themen in ihrer pädagogischen Arbeit auf. In anderen Kindergärten werden Erzieherinnen politisch aktiv. Sie setzen sich für eine Verbesserung der Lebenssituation von Kindern in Kommune und Gesellschaft bzw. der Arbeitsbedingungen in Tageseinrichtungen ein.

In diesem Buch geht es um alle diese Formen einer Öffnung von Kindergärten, wobei jedoch die beiden erstgenannten – die Öffnung für die Lebenswirklichkeit von Kindern und Familien sowie für die kindlichen Perspektiven – von so grundlegender Natur sind, daß sie in allen Kapiteln durchgehend berücksichtigt werden.

Die Auflistung der verschiedenen Formen einer Öffnung macht schon deutlich, daß es *den* offenen Kindergarten nicht gibt. Vielmehr ermöglichen diese Formen dem einzelnen Kindergarten eine „Profilierung", die Entwicklung einer individuellen „Gestalt", einer einzigartigen Identität (in der Wirtschaft spricht man hier von der „Corporate Identity"). Dieses kann natürlich auch – und zusätzlich – z.B. durch die Betonung eines bestimmten pädagogischen Ansatzes (Begriffe wie „Montessori-" oder „Waldorfkindergarten" verweisen auf ein stark ausgeprägtes Profil), die Aufnahme einer größeren Zahl behinderter Kinder („Integrationskindergarten"), häufige Projekte oder eine pädagogische Schwerpunktsetzung erreicht werden – z.B. im religiösen Bereich, auf dem musisch-künstlerischen Gebiet oder durch die Förderung von Naturerfahrungen (Extremfall: „Waldkindergarten"). Hier wird deutlich, daß Kindergärten – z.B. im Vergleich zu Schulen – über sehr große Freiräume verfügen. Sie müssen keinen Lehrplan befolgen, sondern nur die in den relevanten Rechtsvorschriften sehr grob formulierten pädagogischen Ziele berücksichtigen. Die Rechtsgrundlagen gestatten die Entwicklung höchst unterschiedlicher Profile und Konzeptionen, ermöglichen verschiedene Formen pädagogischen Arbeitens mit Kindern, gestatten individuelle Schwerpunktsetzungen und lassen unterschiedliche Formen der Öffnung zu.

Es ist davon auszugehen, daß die Tendenz zu einer stärkeren Profilierung von Kindergärten – und damit auch zu einer Pluralisierung von Profilen – in den kommenden Jahren stark zunehmen wird. In Bundesländern mit Vollversorgung werden Kindergartengruppen in naher Zukunft aufgrund zurückgehender Kinderzahlen in ihrer Existenz bedroht sein. Dies dürfte zu einer stärkeren Konkurrenz von

Einrichtungen um Neuanmeldungen führen. Kindergärten mit einem besonderen Profil (und einer guten Öffentlichkeitsarbeit) werden sich als attraktiver erweisen und aus dem Wettbewerb als „Sieger" hervorgehen. Diese Entwicklung ist schon jetzt in den neuen Bundesländern zu beobachten.

Zur Profilierung von Kindergärten und der zunehmenden Zahl ihrer Erscheinungsbilder tragen natürlich noch viele andere Faktoren bei: die Experimentierfreude vieler Erzieherinnen, die Unzufriedenheit mit dem Ist-Zustand und die daraus erfolgende Suche nach neuen Wegen, das Streben nach Professionalisierung, die Wirkung von Modellprojekten, Ansprüche der Eltern, regionale Bedarfslagen usw. Die Profilierung einer Kindertageseinrichtung sollte nicht von der Leiterin oder einer Erzieherin allein vorangetrieben werden, sondern durch das ganze Team erfolgen. Am besten geschieht dies im Kontext der Fortschreibung der Kindergartenkonzeption (Textor 1996). Träger und Eltern sollten frühzeitig einbezogen werden, um sicherzustellen, daß sie Veränderungen mittragen und das Team unterstützen. Oftmals erweisen sich Hospitationen in Einrichtungen, die z.B. bisher noch nicht in dem jeweiligen Kindergarten ausprobierte Formen der Öffnung praktizieren, der Besuch relevanter Fortbildungsveranstaltungen oder die Konsultation der zuständigen Fachberaterin als hilfreich.

Es ist selbstverständlich, daß eine Profilierung unter Beachtung relevanter Rechtsvorschriften erfolgen muß. Beispielsweise sind in einigen Bundesländern Gruppen mit einer „kleinen" Altersmischung von Ein- bis Sechsjährigen und in anderen auch mit der „großen" Altersmischung von Ein-/Drei- bis Zwölfjährigen erlaubt, während in einer dritten Ländergruppe nur Grundschulkinder unter bestimmten Umständen in Kindergärten mitbetreut werden dürfen. Rechtsvorschriften, die beim Praktizieren der in den folgenden Kapiteln dargestellten Formen einer Öffnung von Kindertagesstätten zu beachten sind, können aus Platzmangel in diesem Buch nicht beschrieben werden. Es soll jedoch an Ministerien, Aufsichtsbehörden, Verbände und Träger appelliert werden, Eigeninitiative und Experimentierfreude von Erzieherinnen zu fördern, unkonventionelle Wege mitzugehen sowie bei neuen Entwicklungen flexibel zu reagieren und den Ermessensspielraum voll auszunutzen.

Die folgenden Kapitel liefern nun „Bausteine" für eine Profilierung von Kindergärten in Richtung einer Öffnung nach innen bzw. nach außen. Diese können an die Bedingungen vor Ort angepaßt und weiterentwickelt werden. Sie dürfen also nicht als „Rezepte" mißverstanden werden. Kein Kindergarten ist mit einem anderen identisch, und so wird sein Erscheinungsbild, sein Profil oder Image, auch immer einzigartig sein. Von entscheidender Bedeutung ist aber, daß alle Teammitglieder (und der Träger) das angestrebte Profil mittragen, es in der Einrichtung (gegenüber Eltern und Kindern) und in der Öffentlichkeit einheitlich und konsistent darstellen sowie ihm entsprechend handeln.

1. Integration in ihrer Vielfalt

Ingeborg Becker-Textor

Im Alltag sozialer Einrichtungen wird sehr viel über Integration gesprochen, häufig gepaart mit dem Begriff der Eingliederung oder Eingliederungshilfe (wir finden dazu gesetzliche Grundlagen u.a. in § 39 BSHG – Bundessozialhilfegesetz). Wenn Menschen „eingegliedert" werden sollen, dann muß sie wohl jemand irgendwann „ausgegliedert" haben. Was waren Gründe für diese „Ausgliederung"?

Im Bereich des Kindergartens verbinden wir mit dem Begriff der Integration meist nur die gemeinsame Erziehung, Bildung und Betreuung behinderter und nichtbehinderter Kinder. In einer Veröffentlichung zum offenen Kindergarten muß aber die ganze Vielfalt der Integration beleuchtet werden. Integration ist dabei zu verstehen als Öffnung des Kindergartens für alle Kinder – gleich welcher Herkunft, Hautfarbe, Kultur, gleich, ob sie gesund, krank oder behindert sind.

Es lohnt sich, zum Begriff der Integration einen Blick in das Duden-Herkunftswörterbuch zu werfen. Zum Wort „integer" steht dort: unbescholten, makellos. Es kommt von lateinisch „integrare", wiederherstellen, ergänzen, ein Ganzes ausmachen, bzw. von lateinisch „integratio", die Wiederherstellung eines Ganzen. Wenn wir diese Wortbedeutung zur Erklärung des Begriffes „Integration" anwenden, können wir sagen, daß wir durch Integration bzw. Integrationshilfen etwas Ganzes herzustellen versuchen. Das Anerkennen des Andersseins verschiedener Menschen in einer Gemeinschaft oder die Gestaltung eines harmonischen Miteinanders trotz bestehender Unterschiede wäre eine aus meiner Sicht sinnvolle „Übersetzung" des Wortes „Integration".

Ein harmonisches Miteinander in einer Kindergartengruppe setzt aber voraus, daß alle Gruppenmitglieder offen füreinander sind. Niemand wird an den Rand gestellt. Ein entsprechendes Verhalten wird von den Kindern ebenso erwartet wie von den Erzieherinnen oder den Müttern und Vätern.

Über viele Jahre hinweg wurde in der öffentlichen Erziehung

nahezu systematisch die Ausgliederung von bestimmten Kindern betrieben. Wenn ich mich an meine Kindheit erinnere, so war es Anfang der 50er Jahre normal, daß z.b. lernbehinderte oder geistig behinderte Kinder in einer Regelklasse mitbetreut wurden. Eine Ausnahme bildeten Kinder, die einer zusätzlichen Pflege bedurften. In den folgenden zwei Jahrzehnten folgte dann eine starke Differenzierung. Es entstanden nicht nur Sonderkindergärten, nein, diese wurden zudem nochmals nach Behinderungsarten differenziert. Ähnlich war es zeitweise mit ausländischen Kindern, die in sogenannten Nationalitätengruppen betreut wurden. Nur in diesen „Spezialeinrichtungen" oder -gruppen schien eine den Bedürfnissen des einzelnen Kindes adäquate Förderung gesichert. Außer acht gelassen wurde dabei aber die soziale Komponente. So wurden die Kinder aus ihrem sozialen Umfeld gerissen. Zugleich hatten die Kinder im Wohngebiet keine Chance, den Umgang mit diesen „anderen" Kindern als Normalität in ihrem Kinderalltag und ihrer Spielwelt zu erleben.

Das Anderssein wurde aus der Kindergartenpädagogik ausgeklammert. Kognitive Ziele bis hin zur „schulischen" Förderung wurden zum pädagogischen Ziel erklärt. Dementsprechend stand nicht mehr das Spiel im Mittelpunkt des Kinderlebens. Auch wurde die Bezeichnung „Vorschule" eingeführt, erreichten „Methoden" wie Vorschulblätter eine schreckliche Dominanz.

Integration im Kindergarten bedeutet auch die Integration bzw. das Zusammenführen von Methoden und pädagogischen Ansätzen. Dies ist eine Notwendigkeit, wenn Kinder verschiedensten Wesens gemeinsam erzogen werden sollen. Je nach Eigenart der Kinder brauchen sie unterschiedliche Rahmenbedingungen und Integrationshilfen.

Kinder mit Behinderungen

Über die Integration behinderter Kinder in sogenannten Regelgruppen wurde wohl am meisten geschrieben. Auch wurden bundesweit zahlreiche Modellversuche durchgeführt und wissenschaftlich begleitet. Die Integration nichtbehinderter Kinder in Gruppen behinderter Kinder wurde hingegen vernachlässigt. Warum? Warum werden nur immer „schwächere" Kinder in die sogenannte Normalität geführt? Haben sie keine Stärken, die für die Regelgruppe von Bedeutung wären? Könnten nicht gesunde Kinder eine Menge von ihnen lernen?

Die Wissenschaft hat sich bisher kaum damit befaßt, welche Lerner-folge für gesunde Kinder aus der Integration resultieren können. Der Blick wurde meist nur auf sozial-emotionale Verhaltensweisen und Aspekte gerichtet.

Ich erinnere mich an viele behinderte Kinder, die regelrecht Lehrmeister für die Gruppe waren. Da war zum Beispiel Karl. Er war linksseitig spastisch gelähmt und sehr unsicher in den Bewegungen. Regelmäßig kam die Krankengymnastin zu uns in den Kindergarten. Daheim verweigerte Karl nämlich schon längst seine Übungen. Er brauchte Zuschauer, die auch die kleinsten Fortschritte wahrnahmen. Besonders glücklich war er, wenn die Kinder seine Übungen nachmachen wollten und es ihnen nicht gelang. So manches Kind plagte sich mit der Luftrolle. Was so einfach aussah, war doch so schwierig.

Dann denke ich an Tim. Er war geistig behindert, ein Downsyndrom-Kind. Er brachte die wildesten „Rowdies" zur Ruhe, wenn er seine Hände in die Hüfte stemmte und seine Zunge die Nasenspitze berühren ließ. Dann standen die anderen staunend daneben. Einige Kinder konnte man immer wieder im Waschraum vor dem Spiegel beobachten – beim Training, es Tim gleichzutun. Tim wußte sehr wohl, wie er den anderen imponieren konnte. Natürlich versuchte er auch, manchen Aufgaben zu entrinnen. Er liebte z.B. nicht das Aufräumen von Spielsachen. Nicht selten reagierte er mit: „Kann nicht!" Hier bedurfte es besonderer Motivation und Unterstützung. Wenn ein anderes Kind sich anbot, ihm zu helfen, dann ging es. Heute lebt Tim in einer Wohngemeinschaft und arbeitet in der angeschlossenen Landwirtschaft. Er weiß sich durchzusetzen und geht einen guten Weg. Nach dem Kindergarten befragt, lacht er und klappt die Zunge zur Nasenspitze... Ein letztes Beispiel:

Herbert war stark entwicklungsverzögert und hatte große Sprachschwierigkeiten. Er konnte kein S, K, F etc. sprechen. Da Herbert ein Ganztagskind war, nützte ich oft die ruhige Mittagszeit, um mit ihm einige Sprachspiele zu machen. Wir bliesen Federn um die Wette und versuchten, einen Bleistift zwischen Oberlippe und Nase zu klemmen, um so zum SCH zu gelangen. Oft gesellten sich noch andere Kinder dazu und „spielten" einfach mit. Nach einigen Tagen beobachtete ich Sandra, die Herbert fragte: „Spielst Du mit mir Sprechen?" Herbert nickte begeistert (bei mir zeigte er nicht so viel Enthusiasmus). Über eine Stunde lang übten die Kinder gemeinsam. Fortan überließ ich das Feld der Sprachförderung der sechsjährigen Sandra.

Nach einigen Wochen kamen die beiden strahlend zu mir. „Wir müssen Dir mal was zeigen. Also, der Herbert kann jetzt F ohne Blasen und SCH ohne Bleistift." Herbert ergänzte: „Stimmt wirklich, paß auf!" Er spitzte die Lippen, es funktionierte. Die anfängliche körperliche Anspannung war bei Herbert wie weggeblasen. Dann nahmen sich die beiden an der Hand und liefen weg. Bei unserer Kindergartenkonferenz, zwei Tage später, meldete sich Sandra zu Wort: „Also hört mal zu, der Herbert und ich, wir wollen euch was zeigen..." Die Kinder applaudierten spontan. Herbert und seine „Lehrerin" waren sehr stolz.

Kinder lernen von Kindern. Hoffen wir, daß die gemeinsame Erziehung von behinderten und nichtbehinderten Kindern bald selbstverständlich sein wird. Der Lernerfolg ist für beide Seiten gegeben.

Ausländische Kinder, Kinder aus Flüchtlings- und Spätaussiedlerfamilien

Es gibt wohl beinahe keinen Kindergarten mehr, in dem nicht auch Kinder spielen und lernen, die (noch) nicht Deutsch sprechen und verstehen. Oft sind in einer Einrichtung viele Nationen vertreten. Erstaunlich ist, wie schnell und wie gut sich die Kinder untereinander verstehen, obwohl sie unterschiedliche Sprachen sprechen. Auch hier sind Kinder großartige Lehrmeister und „unterrichten" ihre Freunde ganzheitlich, unter Verwendung konkreter Objekte. So zeigen sie auf Gegenstände und nennen den Begriff dazu. Karla erklärt Suzanne: „Tür". Sie zeigt auf die Tür. Suzanne wiederholt das Wort. Karla ist zufrieden. Suzanne zeigt auf die Tür und sagt: „la porte". Jetzt ist Karla dran. Sie wiederholt das französische Wort. Beim Abholen erklärt sie ihrer Mutter: „Wir sprechen jetzt im Kindergarten deutschfranzösisch. Tür heißt porte." Glücklicherweise zeigt die Mutter Interesse und Verständnis. Das ist leider nicht immer der Fall.

Aber es gibt nicht alleine die Sprache – Erfahrungen aus dem anderen Kulturkreis, der anderen Religion u.a. kommen dazu. Hier sind die Erzieherinnen besonders gefordert. Für sie heißt es, sich über die Traditionen und Lebensformen in anderen Kulturkreisen zu informieren. Aber auch alle Eltern und Kinder sind gefordert, sie sind aufgefordert zur Öffnung und Offenheit. Dann ist die multinationale Gruppe eine große Chance für die Völkerverständigung und ein Beitrag zum Frieden in der Welt. Offensein für das Andere, das (noch) Fremde, wird für alle zum Gewinn. Natürlich müssen hier andere Wege in der Pädagogik gegangen werden. Außerdem wird sich Elternarbeit anders gestalten müssen, denn auch hier sind Sprachbarrieren zu überwinden.

Die Öffnung des Kindergartens für ausländische Eltern bringt Lebendigkeit in die Einrichtung. So singt eine türkische Mutter den Kindern Lieder aus ihrem Heimatland vor und bereitet mit anderen Müttern einen kleinen Imbiß für den Elterntreff vor. Eine Erzieherin berichtet:

„Für meine türkischen Eltern war der Kochkurs das große Erlebnis. Vorausgegangen war das Sommerfest. Einige türkische Mütter hatten Gebäck zur Verfügung gestellt. Es wurde nicht nur verzehrt, sondern es bestand auch ein reges Interesse an den Rezepten. Also initiierten wir einen Back- und Kochkurs. Trotz der Sprachbarrieren wurde viel gelacht, und es entstand eine ganz gelöste Atmosphäre. Gegen Ende des Abends wurden sogar noch einige Volkstänze vorgestellt und dann gemeinsam geübt. Warum nicht häufiger einmal einen Volkstanzabend? Seither wiederholen wir solche Veranstaltungen immer wieder. Es entstehen Kontakte, Nachbarschafts- und Elternselbsthilfe. Ein solches Angebot ist m.E. für Kinder, Familien und Kindergarten gewinnbringender als so mancher Vortrag oder belehrende Elternabend."

Der Bericht überzeugt. Vorsicht aber bei der Nachahmung: Es muß nicht immer ein Kochkurs sein! Wichtig ist, daß Sie als Erzieherin beobachten, wo Stärken Ihrer Eltern liegen, so daß Sie diese aufgreifen können. Öffnung und Integration sind individuelle Prozesse, zu denen jeder einzelne seinen Beitrag leistet. Es gibt demnach kein allgemeingültiges Konzept, wie Integration gelingen kann. Übrigens sind Kinder für jede Form der Integration offener als wir Erwachsenen. Sie gehen vorbehaltlos auf andere zu. Vielleicht sollten wir uns die Kinder zum Vorbild nehmen?

Noch ein Hinweis bezüglich Kinder aus Spätaussiedlerfamilien: Diese kommen als Deutsche zu uns in die Bundesrepublik und sprechen dennoch kaum oder gar nicht Deutsch. Sie sind überzeugt, daß sie z.B. in Estland, Rußland oder der Ukraine das deutsche Kulturgut bewahrt haben, erleben aber jetzt, daß die Realität in der Bundesrepublik sich ganz gewaltig von ihren Vorstellungen und Erwartungen unterscheidet, daß ihnen die Traditionen ebenso wie die Wertvorstellungen unserer Gesellschaft nahezu fremd sind. Ihre Kinder bekommen hingegen sehr schnell Anschluß und finden sich ohne große Probleme zurecht. Schwieriger wird es schon bei den Jugendlichen. Sie wurden durch die Aussiedlung aus ihrem sozialen Umfeld gerissen und mußten ihre Freunde aufgeben. Nun finden sie in der Bundesrepublik nur sehr schwer Anschluß an Gleichaltrige. Und noch schwieriger ist es für viele Erwachsene: Sie können nur schwer beruflich Fuß fassen und finden oft lange keinen adäquaten Arbeitsplatz. Dies wirkt sich auf das Familienleben aus und wird auch von den Kindern erspürt. Häufig kommt es zu Konflikten zwischen Kindern und Eltern, da erstere schnell in das neue soziale Umfeld und soziale Gruppen integriert werden, letztere aber an den mitgebrachten Rollenvorstellungen und Werten festhalten.

Als familienunterstützender Einrichtung kommt hier dem Kindergarten eine besondere Bedeutung zu. Erzieherinnen müssen für viele neue Fragestellungen und Probleme offen werden sowie Hilfen anbieten. Dies erfordert oft die Kooperation mit sozialen Diensten. Der Kindergarten muß sich somit für neue Aufgaben öffnen.

Kinder mit chronischen Krankheiten

Die Zahl der chronischen Erkrankungen im frühen Kindesalter nimmt stetig zu. Die Medizin bietet viele Hilfen und ermöglicht den Kindern die Teilhabe am täglichen Leben, d.h. unter bestimmten Voraussetzungen auch den Besuch des Kindergartens. So finden wir beinahe in jedem Kindergarten Kinder mit Allergien, Stoffwechselerkrankungen, Diabetes, chronischer Bronchitis, Krupp-Husten, Leukämie oder anderen Krebserkrankungen, vielleicht sogar AIDS. Eine abschließende Aufzählung ist gar nicht möglich.

Bei der Aufnahme eines Kindes in den Kindergarten wird vorausgesetzt, daß es von ansteckenden Krankheiten frei ist, da manche Kinderkrankheit verheerende Folgen haben kann. Dies ist von besonderer Bedeutung, wenn ein chronisch krankes Kind angemeldet wird. So bedarf es bei seiner Aufnahme einer Reihe von Vorsorgemaßnahmen. In intensiven Gesprächen zwischen den Eltern, der Leiterin, dem Träger und gegebenenfalls einem Arzt sollten im Vorfeld notwendige Informationen ausgetauscht werden. Ist über die Aufnahme entschieden, bedarf es der Vorbereitung der Kinder und der Übermittlung bestimmter Informationen an die Eltern. Da z.b. für ein Leukämiekind eine gewöhnliche Kinderkrankheit lebensgefährlich sein kann, müssen Erkrankungen anderer Kinder (auch schon der bloße Verdacht) umgehend dem Kindergarten mitgeteilt werden, so daß die Information an die Eltern des chronisch kranken Kindes weitergegeben werden kann. Sie können dann gemeinsam mit ihrem Arzt entscheiden, ob ein Fernbleiben ihres Kindes vom Kindergarten angezeigt erscheint oder nicht.

Die Aufnahme chronisch kranker Kinder in den Kindergarten macht eine gegenseitige Öffnung und einen vertrauensvollen Umgang aller Personen im Umfeld des Kindes miteinander unverzichtbar. Bei notwendigen Besuchspausen läßt sich der Kontakt zum Kindergarten auch auf anderen Wegen aufrecht erhalten. Ein tägliches Telefonat ermöglicht dem kranken Kind den Austausch mit seinen Freunden. Vielleicht bietet sich auch ein Hausbesuch einiger Kinder an. Ferner werden Tonbandkassetten, Briefe und Bilder ausgetauscht. So erfährt das kranke Kind, daß sein Kindergarten ihm verläßliche Kontakte sichert und die Rückkehr in die Gruppe nicht wieder einen Neuanfang bedeutet.

Oft sind die Kinder täglich gefordert. Beispielsweise leidet Sebastian an einer ausgefallenen Stoffwechselkrankheit und muß eine strenge Diät einhalten. Viele Nahrungsmittel sind von seinem Speiseplan total gestrichen. Hier ist es unverzichtbar, mit allen Kindern über Sebastians Krankheit zu sprechen. Allen muß klar sein, daß Sebastian nur das essen darf, was die Mutter der Erzieherin am Morgen übergeben hat. Ich habe selbst erlebt, daß Kinder von sich aus beschlossen haben, manche Dinge nicht mehr in den Kindergarten mitzubringen. „Sonst ist es so schwer für Basti, wenn er sieht, daß wir das essen, und er darf nicht, weil er sonst todkrank wird", erklärte die vierjährige Ruth. Sebastian erfährt viel Verständnis und Unterstützung durch die Kindergruppe. Ein anderes Beispiel:

Eine Gruppe backt Diabetikerplätzchen. „Weil, der Arno, der hat halt Zucker. Das ist so eine Krankheit. Er war schon mal ohnmächtig deswegen. Er darf halt keine normalen, sondern nur andere Plätzchen essen", kommentiert Paul und fährt fort: „Mein Opa ist auch so krank, und eine Oma vom Altersheim hat auch erzählt, daß sie zuckerkrank ist. Für die backen wir dann auch solche Gesundplätzchen." All dies bedeutet keine Mehrarbeit für den Kindergarten, sondern erfordert Flexibilität im Denken und Handeln. Dies führt zu einer Bereicherung für alle Beteiligten.

Integration von Mitarbeiterinnen

Viele ausländische Mitbürger leben bereits in der zweiten Generation in Deutschland. Ihre Kinder haben hier die Schule besucht und eine Ausbildung abgeschlossen. Sie sind in zwei Kulturen aufgewachsen, kennen das Heimatland der Eltern aber oft nur aus Ferienaufenthalten bei Verwandten. Den ausländischen Kindern in unseren Kindergärten geht es oft nicht anders.

Leider ist es aber für so manchen Träger noch keine Selbstverständlichkeit, eine ausländische Mitarbeiterin anzustellen und so den Schritt zu einem multikulturellen Team zu wagen. Gerade für Kindergärten mit einem hohen Anteil ausländischer Kinder ist dies die Chance für eine multikulturelle Erziehung – anstatt der „Anpassung" an die Gegebenheiten des Gastlandes. So ist die ausländische Kollegin mit Sicherheit eine Bereicherung für das Team, und ebenso für die Kindergruppe.

Je mehr sich die Grenzen innerhalb Europas und darüber hinaus öffnen, um so mehr Mobilität wird es auch auf dem Arbeitsmarkt geben. Verschiedenste Fähigkeiten und Fertigkeiten werden aufeinander stoßen und zu einem ganzheitlichen Handeln verschmelzen – dies gilt ebenfalls für den Bereich der Erziehung. So kann in einem Kindergartenteam ein ganzheitliches Konzept leichter umgesetzt werden, wenn die Individualität jeder pädagogischen Mitarbeiterin akzeptiert wird und im Erziehungsalltag ihren Platz findet. Daß dies Offenheit und Öffnung im Team erforderlich macht, ist selbstverständlich. Aber gerade die Unterschiedlichkeit unter den Mitarbeiterinnen läßt die Arbeit in Team spannend werden. Probleme sind natürlich nicht ausgeschlossen. Supervision oder Praxisberatung kann bei der Überwindung von Problemen ebenso hilfreich sein wie bei der Konzeptentwicklung.

2. Öffnung von Gruppen

Ingeborg Becker-Textor

Die Öffnung von Gruppen – offene, gruppenübergreifende Angebote ebenso wie offenes Arbeiten in Funktionsräumen – zählt zu den Formen des offenen Kindergartens. Die einen sprechen begeistert von der Öffnung von Gruppen, die anderen sind verhalten und voller Skepsis. Das Konzept wird vorschnell verworfen – mit der Begründung, daß eine Art Chaos entstehen würde und der fehlende Gruppenzusammenhalt sich äußerst negativ auf die kindliche Entwicklung auswirken könnte. Die Kritiker bringen nicht selten ihre Vorbehalte ein, ohne über eigene experimentelle Erfahrungen mit der Öffnung zu verfügen. Oft bestehen auch Ängste dahingehend, daß die Öffnung von Gruppen nach enger Zusammenarbeit im Team verlangt, nach Abstimmung nicht nur in den Inhalten von Angeboten, sondern vor allem auch hinsichtlich des Erzieherverhaltens und des Erziehungsstils. Wenn die Öffnung von Gruppen gelingen soll, so bedarf dies intensivster Vorbereitung. Alleine mit der Öffnung von Türen in einem Kindergarten ist es nicht getan. Es bedarf eines ausgewogenen Erziehungskonzeptes und eines langen Atems. Die Öffnung von Gruppen kann in einem bestehenden und bis dahin traditionell arbeitenden Kindergarten nur schrittweise und prozeßhaft vollzogen werden. Momente des Innehaltens sind dabei ebenso wichtig wie hin und wieder auch schnelle Schritte. Die Abwägung, was geht oder nicht, liegt in der Hand des Teams. Wenn die Öffnung von Gruppen gelingen soll, dann bedarf es eines ausgeprägten Teamgeistes und einer kooperativen Leitungsstruktur. Wollen Erzieherinnen lieber nur in ihrer Gruppe arbeiten, fürchten sie die Konkurrenz mit anderen oder vermuten sie, daß sich die Kinder bei freier Auswahl vielleicht stärker auf eine Kollegin konzentrieren würden, so ist der Zeitpunkt für den Beginn einer Öffnung noch nicht erreicht.

Es gilt also, keine vorschnellen Entscheidungen in Richtung Öffnung zu treffen. Ein Rückschlag und das damit verbundene Gefühl des Scheiterns können für lange Zeit den Öffnungsprozeß lähmen oder gar verhindern. Das gleiche gilt für die Übernahme eines Konzeptes, das in einer anderen Einrichtung erarbeitet wurde. Jeder Kindergarten ist einmalig. In ihm leben und wirken Menschen, die einmalig sind. So kann ein Erfolgskonzept nicht unbesehen und unreflektiert auf andere Kindergärten übertragen werden. Der Individualität von Erzieherinnen und Kindern würde nicht Rechnung getragen, ein Erfolg von vornherein zweifelhaft sein.

Die Öffnung von Gruppen

Zunächst eine Praxisbeispiel aus einem kirchlichen Kindergarten in W.:

Ein zweigruppiger Kindergarten befand sich im Bau. Die Anmeldungen liefen im Pfarramt ein. Es wurden Kinder zwischen drei und sechs Jahren angemeldet, denn im Stadtteil gab es bisher keinen Kindergarten, so daß viele ältere Kleinkinder noch nicht im Kindergarten waren. Etwa gleichzeitig mit der Eröffnung des Kindergartens wurden mehrere Wohnblocks mit preisgünstigen Familienwohnungen bezugsfertig. So standen auch viele Kinder auf der Warteliste, die schon in einem Kindergarten waren, aber in Kürze aufgrund des Umzugs ihrer Familie die Einrichtung wechseln sollten.

Schon einige Monate vor der Eröffnung des Kindergartens stand fest, welche Mitarbeiterinnen in der Einrichtung tätig sein würden. Der Träger lud zu mehreren Vorbesprechungen ein und legte großen Wert auf eine konzeptionelle Vorbereitung. Zwei Monate vor der Eröffnung lud er auch alle interessierten Eltern ein, um zu erfahren, was ihre Erwartungen an den neuen Kindergarten waren (für den Pfarrer war es übrigens das erste Mal, daß er die Trägerschaft eines Kindergartens übernahm). Gleichzeitig konnten auch die künftigen pädagogischen Mitarbeiterinnen erste Kontakte zu den künftigen Kindergarteneltern aufnehmen.

Gemeinsam wurde beschlossen, den Kindergarten systematisch „aufzufüllen", d.h., die Kinder im Verlauf eines Monats in kleineren Grüppchen aufzunehmen. Die Eltern waren mit diesem Verfahren einverstanden, denn sie wollten, daß sich ihr Kind bald eingewöhnt und wohl fühlt. Daraufhin wurde die Abfolge der Aufnahmen besprochen. Familien, die besonders dringend einen Platz brauchten, wurden einvernehmlich zuerst berücksichtigt. Aus dieser Aufnahmepraxis resultierte dann die Öffnung der Gruppen bzw. deren Auflösung.

So startete der Kindergarten am Eröffnungstag mit 15 Kindern. Die Eltern wurden gebeten, möglichst zwischen 7.30 Uhr und 8.00 Uhr mit ihrem Kind zu kommen. Es gab einen Empfangstrunk. Erzieherinnen, Eltern und Kinder stellten sich gegenseitig vor. Für jedes Kind war ein Namensschild vorbereitet, die Eltern schrieben den Namen des Kindes auf (oder das Kind schon selbst), und die Kinder konnten es noch ausgestalten. Dann wurde es um den Hals gehängt. Bald entwickelte sich daraus ein Spiel, denn die

Kinder drehten ihr Namensschild um und fragten augenzwinkernd: „Weißt du noch, wie ich heiße?" Das Team hatte beschlossen, mit dem Auspacken der Spielmaterialien zu warten und dies gemeinsam mit den Kindern zu tun. Nachdem an diesem ersten Tag der Kindergarten erkundet worden war, begannen Erzieherinnen und Kinder, die ersten Sachen auszupacken. Selbstverständlich versanken die Kinder schnell ins Spiel. Neugierig kamen sie am nächsten Tag wieder – gespannt, was wohl in weiteren Kartons verborgen sein könnte. Am vierten Tag kamen einige weitere Kinder. Sie wurden von den anderen Kindern herzlich begrüßt, in die Geheimnisse des Kindergartens eingeführt und an der spannenden Auspackaktion beteiligt. Bald war die Kinderzahl einer Gruppe erreicht. Was nun? Zu diesem Zeitpunkt wurde der Entschluß gefaßt, es mit der Auflösung von Gruppen zu versuchen. Die Kinder entschieden sich, ob sie im schon „fertigen" Gruppenraum spielen oder bei der Ausgestaltung des zweiten Gruppenraumes mithelfen wollten. Interessant war, daß sie sich stark an der Kinderzahl orientierten und ohne Dazutun der Erzieherinnen merkten, wann es zuviele Kinder bei einer Aktion waren.

Nach drei Wochen war der zweigruppige Kindergarten in Betrieb, jedoch ohne feste Gruppenzugehörigkeit der Kinder. Statt dessen waren die Gruppenräume jeweils einer Erzieherin und einer Kinderpflegerin verantwortlich zugeteilt, d.h., diese hatten die Verantwortung für den Raum. Übrigens waren beide Gruppenräume von der Grundausstattung her gleich. Auch hatten die Kinder beim Einräumen der Spielsachen die gleiche Systematik gewählt. Kommentar von Alex, fünf Jahre: „Also im ersten Schrank sind immer die Scheren und die Buntstifte. Dann kommen die Papiere und dann die Puzzles und dann die Legos und dann ... Das ist so, daß man alles findet, weil vielleicht geht man an einem Tag in das eine Zimmer und dann am nächsten in das andere." Die Kinder fanden selbst zu diesen Regeln.

Und es blieb bei der Auflösung der Gruppen: Am Morgen trafen sich die Kinder im großen Eingangsbereich des Kindergartens in der „Guten-Morgen-Ecke". Dort saßen alle von 7.15 Uhr bis circa 8.00 Uhr zusammen und erzählten sich gegenseitig etwas. Immer wieder kam jemand dazu. Dann entschieden sich die Kinder für einen Gruppenraum zum Freispiel. Später dazukommende Kinder warfen zuerst einen Blick in beide Gruppenräume und entschieden sich dann nach ganz unterschiedlichen Kriterien. Peter: „Oh, da spielen meine Freunde auf dem Bauteppich, die brauchen mich noch." Susi: „Ne, da geh' ich nicht rein, da sind mir zu viele Streithähne." Karla: „Ich geh' zur kleinen Tina, weil die immer so traurig ist. Heut' spiel' ich mal mit ihr in der Puppenecke." Die Kinder entwickelten aber auch ein Gespür für die Größe einer Gruppe: „Da ist es mir schon zu voll, geh' ich mal nach nebenan!" Die Entscheidung für einen Raum hatte Gültigkeit für einen Vormittag – oder bis zur Pause, wenn das Frühstück gemeinsam im Garten oder als „Indianer-Frühstück" in der Eingangshalle eingenommen wurde.

Somit waren alle eine Gemeinschaft. Es gab nicht mehr „meine" Erzieherin und „meine" Kinder. Dennoch: Wer wollte, konnte es so einrichten, daß er täglich mit den gleichen Erzieherinnen zusammen war. Anfänglich erkundigten sich die Kinder: „Was machste denn heute mit uns?" Bald merkten sie, daß das Thema immer gleich war, aber dennoch jede Erzieherin andere Angebote machte – es aber vorher nicht verriet. So wurde die Abschlußrunde am Mittag (vor dem Abholen einzelner Kinder und vor dem Mittagessen für die Ganztagskinder) zu einem spannenden Moment des Tages. Alle trafen sich wieder im großen Eingangsbereich und berichteten. Dasselbe Thema hatte in den Gruppen zu den verschiedensten Aktivitäten und Ergebnissen geführt. Nicht selten kamen einige Eltern schon etwas früher, um diesen Abschluß des Vormittags mitzuerleben.

Diese Art der Arbeit war auch von Vorteil, wenn eine Mitarbeiterin ausfiel, weil die Kinder nicht nur auf eine Bezugsperson fixiert waren. Gleichzeitig entstanden ein Wir-Gefühl, eine neue Zusammengehörigkeit, gemeinsame Verantwortung.

Trotz der Auflösung von Gruppen bilden sich für Zeitabschnitte Gruppierungen. Der Mensch ist ein soziales Wesen und sucht im Regelfall immer nach einer (kleinen) Gruppe. Bei der Auflösung der festen Kindergartengruppen kommt es dazu, daß sich die Kinder selbst „ihre" Gruppe suchen und aus dieser auch wieder ausscheiden können; die „Gruppenbildung" wird also verlagert in die Verantwortung der Kinder und damit losgelöst von den Entscheidungen der Erzieherinnen oder gar der Eltern.

Von Eltern wird diese Freiheit ihrer Kinder oft nicht begrüßt. Die Mutter von Peter: „Ich möchte nicht, daß mein Peter mit Klaus Z. spielt. Es gibt gravierende Gründe, warum ich dies nicht will."

Auf solche Wünsche kann dann seitens des Kindergartens nicht eingegangen werden. Im übrigen waren gerade Peter und Klaus unzertrennlich. Peter war der „Beschützer" und „Therapeut" für den in seiner Entwicklung verzögerten Klaus.

Dieser Bericht mag manche Erzieherin motivieren, die Gruppenauflösung einmal auszuprobieren. Halt, Vorsicht! Sonst ergeht es Ihnen wie jener Leiterin, die nach den Pfingstferien verkündete, daß ab sofort alle Gruppenräume offen seien und kein Kind mehr eine feste Gruppe habe. Nach zwei Wochen machte sie ihre Entscheidung rückgängig. Sie erklärte der Fachberaterin: „Das, was die im Kindergarten St. J. machen, das muß ganz einfach zum Chaos führen. In unserem viergruppigen Kindergarten ging es jetzt tagelang drunter und drüber. Jetzt habe ich die Sache beendet. Jede Erzieherin hat wieder ihre Gruppe, und schon ist wieder Ordnung eingekehrt."

Je größer ein Kindergarten ist, desto schwieriger ist die Auflösung von Gruppen, insbesondere für die Mitarbeiterinnen. Bei offenen Gruppen muß jede Mitarbeiterin jedes Kind kennen und ist gegebenenfalls auch Ansprechpartnerin für alle Eltern. Es bedarf also einiger Zeit und guter Vorbereitung, will man diesen Weg gehen. Bei den konzeptionellen Überlegungen müssen auch der Träger, die Eltern und vor allem die Kinder eingebunden werden. Erst wenn alle bereit sind, sich auf das Wagnis einzulassen, kann gestartet werden.

Für Familien, die nun zum Kindergarten stoßen, werden die offenen Gruppen von Anbeginn an eine Selbstverständlichkeit sein – ein Bestandteil des Konzeptes der Einrichtung, die sie für ihr Kind ausgewählt haben. Sehr schnell kommen aber immer wieder Bedenken, daß die Kinder vielleicht zu wenig Förderung erfahren würden, da doch die kontinuierliche Zuwendung durch immer die gleiche Bezugsperson zu kurz komme. Mit Worten wird man allerdings gegen solche Befürchtungen wenig ausrichten können. Die Eltern müssen vielmehr erleben, wie sich ein Tagesablauf gestaltet, wenn der Kindergarten seine Gruppen quasi „auflöst" (vgl. hierzu das Kapitel „Öffnung des Kindergartens zur Familie hin").

Abschließend noch eine Anmerkung zur Personalsituation: Die Personalausstattung bzw. das Verhältnis von Erzieherinnen zu Kinderpflegerinnen entsprechen den üblichen Vorgaben von festen Gruppen, z.B.: Ein zweigruppiger Kindergarten mit je 25 Kindern pro Gruppe verfügt pro Gruppe über eine Erzieherin und eine Kinderpflegerin. Bei Gruppenöffnung kommen dann 50 Kinder auf zwei Erzieherinnen und zwei Kinderpflegerinnen.

Gruppenübergreifende offene Angebote

Viele Kindergärten wählen einen anderen Weg der inneren Öffnung. Hier sind die Kinder festen Gruppen zugehörig. In regelmäßigen oder unregelmäßigen Zeitabständen werden aber gruppenübergreifende Angebote gemacht. Diese Art der Öffnung wird recht häufig praktiziert, da jede Mitarbeiterin in diesen Einrichtungen ihre besonderen Fertigkeiten und Interessen einbringen kann.

Den ersten Teil des Tages verbringen die Kinder in ihrer eigenen Gruppe. Nach der ersten Spielzeit oder Freispielzeit können sich die Kinder dann aber entscheiden, welches Angebot von welcher Fach-

25

kraft sie wählen wollen. Einige bevorzugen weiterhin freies Spielen oder Gestalten. Andere interessieren sich für das Werkangebot oder für die Bewegungsspiele. Und wieder andere wollen den erzählten Geschichten lauschen oder sind neugierig auf das neue Bilderbuch.

Bei den gruppenübergreifenden Angeboten muß das Kind zu seiner Entscheidung aber auch stehen. Ein Hin- und Herpendeln von einem Angebot zum anderen ist nicht möglich. Anforderungen, die dann möglicherweise an das Kind gestellt werden, kann es sich also nicht einfach entziehen: „Oh, das gefällt mir nicht, das ist doof. Ich geh' jetzt doch lieber turnen!"

Die möglichen Angebote sollten deshalb den Kindern vorgestellt werden. Dann können diese Rückfragen stellen, und anschließend müssen sie ihre Entscheidung treffen. Der Gedanke, daß sie woanders vielleicht etwas versäumen, wenn sie sich nur für ein Angebot entscheiden, steht im Raum. Die Entscheidung wird jedoch sicherlich dadurch erleichtert, daß die Kinder wissen, daß beim gemeinsamen Treffen vor der Mittagspause die Erlebnisse und Erfahrungen ausgetauscht werden können. Von diesem Austausch können dann Impulse für die Entscheidung des Kindes für eine Aktivität am nächsten Tag ausgehen.

Bei gruppenübergreifenden Aktivitäten ist ein Effekt ganz wichtig, nämlich, daß das häufig auftretende „Konkurrenzverhalten" aufgebrochen wird. Weder ist eine Gruppe die bessere oder die schlechtere, noch wurde dort die langweiligere oder die spannendere Geschichte erzählt usw. Bedeutsam ist für die Kinder auch, daß sie erfahren, daß sich Interessengruppen bilden können. Auch wenn sie sich in ihrer „Heimatgruppe" wohlfühlen, ist es eine zusätzliche wichtige Erfahrung, daß sie an einer Aktivität teilhaben können, an der auch Kinder aus anderen Gruppen besonders interessiert sind.

Ein Beispiel aus einem Kindergarten in M. Die Leiterin berichtet:

„Wir bieten immer eine Kochaktivität an, weil wir die Mahlzeiten im Kindergarten – wir verwenden hauptsächlich Tiefkühlprodukte – durch bestimmte Beilagen oder Nachspeisen ergänzen. Oftmals beteiligt sich ein Kind über zwei bis drei Wochen an diesem Angebot, obwohl es gar kein Mittagskind ist. Edi, fünf Jahre: ‚Naja, bei uns gibt's daheim jeden Tag Salat! Da weiß ich, wie der geht, also aus Salatblättern oder aus Gurken oder aus Tomaten. Da zeig' ich das den andern. Manche wissen gar nicht, wie Salat schmeckt. Da laß' ich die raten, so mit Augen zu. Na, ist das Gurke oder Tomate?' So hat Edi die Chance, sein daheim erworbenes Wissen einzubringen. Sonst ist er eigentlich ziemlich zurückhaltend, aber beim Kochen ist er stolz und taut richtig auf.

Die freie Wahl zwischen Angeboten ist meines Erachtens für die Kinder ganz wichtig und ihrer Entwicklung sehr förderlich. Wichtig ist allerdings die Elternarbeit. Eltern wollen nämlich oft nicht verstehen, daß sich ihre

Kinder für etwas entscheiden, was ihnen selbst unwichtig und nicht förderdienlich erscheint. Hier gilt es, Eltern aufzuklären, insbesondere über die Motivation zum aktiven Lernen. Dann bauen sie nach geraumer Zeit ihre Vorbehalte ab."

Gruppenübergreifende Angebote können im Einzelfall auch als eine Aktivität für alle Kinder verstanden werden (allerdings nur bei zwei- oder eventuell dreigruppigen Einrichtungen). Hierzu ein Beispiel aus meiner eigenen Kindergartenpraxis:

Für die Kinder unserer beiden Gruppen spielten wir Erzieherinnen häufig Theater – nein, kein wohlvorbereitetes oder gar eingeübtes Theaterstück, sondern ein „Spontantheater" zu einem aktuellen Thema aus unserem Rahmenplan. Wir griffen zu dieser Form des Angebotes, wenn wir an die Kinder auf ganz unkonventionelle Art Informationen herantragen wollten. Quasi durch die Hintertür vermittelten wir ein bestimmtes Wissen.

Einmal wählten wir das Thema: „Wie kleide ich mich bei welchem Wetter richtig?" Manche Einrichtung hätte vielleicht ein Arbeitsblatt gewählt, die Kinder hätten beim Symbol der Regenwolke den Regenschirm, die Gummistiefel, den Schirm und den Regenmantel angekreuzt. Wir hingegen spielten Theater. Die Bühne war unser Bauteppich. Auf ihm lagen in der Ecke alle unsere Kleiderschätze aus der Klamottenkiste. Diese war bei uns eine wahre Fundgrube und enthielt vom Kinderlätzchen bis zum Brautkleid, von den Stiefeln bis zum Hut, von der Handtasche bis zum Modeschmuck einfach alles.

Anmerkung: Die Schätze lieferten uns die Eltern. Sie übernahmen bei Bedarf auch das Waschen der Klamotten, so daß der Unterhalt der Kleider kein Problem war. Übrigens bevorzugten wir Erwachsenenkleidung...

Gespannt saßen alle Kinder auf dem Boden und warteten. Wir spielten zu viert. Jede von uns verkleidete sich und schlüpfte somit in eine fremde Rolle. Alle waren wir nun Kinder. Während eine nach der anderen ihr Aussehen veränderte, stellten wir uns vor: „Also, ich heiße Marianne, ich geh' in den Kindergarten, ... ich trage so gerne Spitzenblusen und schöne Halsketten." Dann wurde über unsere Kleidung einfach die Bluse gezogen. Ein Kind eilte herbei, um die Halskette zu schließen.
Eine Kollegin sagte, daß sie gerne eine elegante Dame sein möchte, und fragte: „Was soll ich denn anziehen?"
Die Kinder hatten viele Vorschläge. Ich selbst war in die Rolle einer Zeitungsreporterin geschlüpft und moderierte quasi die Aufführung.

Jetzt konnte das inhaltliche Spiel losgehen. Ich las aus einer Zeitung vor, daß es bald heftig regnen würde. Meine drei Mitspielerinnen lachten. Die

elegante Dame sagte: „Ach was, ich sehe kein Wölkchen am Himmel. Der Wetterbericht irrt. Ich nehme doch keinen Regenmantel mit oder gar einen Schirm."
Da hüpfte ein Kind (Erzieherin) herbei und lachte: „Die wird's schon sehen, dann ist sie pitsche patsche naß. Also, ich ziehe mich richtig an. Aber was ist richtig?" Fragend schaute sie auf die Kinder. Sofort kamen gute Ratschläge. „Such Dir Gummistiefel. Siehst Du die gelbe Regenjacke dort?" Die Kollegin griff die Vorschläge nicht gleich auf, sondern fragte nach. „Warum soll ich denn unbedingt die Gummistiefel anziehen?" Die Kinder erläuterten es ihr.
Bald war sie regenfertig ausgestattet und lief hin und her. Da begegnete ihr die elegante Dame. Diese schüttelte den Kopf: „Was soll denn das? Wie sich dieses Kind gekleidet hat!"
Mittlerweile hatte die dritte Kollegin an einige Kinder mit Erbsen gefüllte Tambourine verteilt und einige Regenstäbe. Alle waren gespannt. Auf ein Zeichen hin begannen die Kinder mit dem Regenmachen. Die Kinder ohne Regeninstrument klopften mit den Findernägeln auf den Boden. Die Zeitungsreporterin legte den Zeigefinger an den Mund, es regnete sachte, auf Handzeichen kam es zum Platzregen.
Die Kollegin im Regenzeug hüpfte fröhlich auf und ab. Die elegante Dame rannte und rannte, fand aber erst nach einiger Zeit einen Platz zum Unterstellen. Sie spielte, als wäre sie pitsche patsche naß, leerte pantomimisch das Wasser aus ihren Schuhen, sie nieste, sie zog die Jacke aus und wand das Regenwasser heraus, sie strich sich den Regen aus dem Gesicht. „Daß der Regen aber so plötzlich kommt. Meine Frisur kaputt, alles naß. Niesen muß ich auch schon, bloß jetzt keinen Schnupfen..."
Das Kind kam herbei: „Der Regen war doch angesagt. Schau, ich bin nicht naß. Durch die Gummistiefel kommt kein Wasser. Und am Regenmantel läuft das Wasser einfach ab. Schau, drunter bin ich trocken. Der ist nämlich wasserdicht."

Bei solchen Theaterstücken signalisieren die Kinder durch ihre Beiträge, wie es weitergehen kann. Sie sind begeistert bei der Sache. Während des ganzen Spiels sind wir für die Kinder übrigens nicht mehr die Erzieherinnen – schon die geringste Verkleidung läßt uns für die Kinder zu anderen Menschen werden.

Nachdem wir dann in unsere Erzieherrolle zurückgeschlüpft sind, bilden wir in der Regel Gruppen und lassen die Kinder vom Theater berichten: „Du, da war 'ne ganz elegante Frau, und die ist pitschenaß geworden. Es hat doch geheißen, daß es regnet, und die hat's nicht geglaubt."

Offenes Arbeiten in Funktionsräumen

Bis vor kurzem nutzten die meisten Einrichtungen ihre Räume ganz traditionell: Im Gruppenraum wurden Spiele und Beschäftigungen durchgeführt, im Gruppennebenraum besondere Förderangebote gemacht (z.b. für die Fünfjährigen), im Turnraum wurde nur geturnt oder Rhythmik angeboten. Die anderen Räume waren für Kinder tabu. Große Flure nahmen nur die Garderobe auf. Die Küche war aus welchen Gründen auch immer für Kinder nicht zugänglich. Das Büro gehörte der Leiterin, das Personalzimmer den Mitarbeiterinnen. Abstellräume wurden abgeschlossen, um sie für Kinder unzugänglich zu machen. Somit wurden oftmals bis zu 50 % der Fläche eines Kindergartens für den größten Teil des Tages nicht genutzt. Was ist dagegen zu tun?

Wie Erfahrungsberichte aus Kindergärten zeigen, bedarf es manchmal besonderer Ereignisse...

„Es begann mit einem Umweltprojekt... Als wir dann anläßlich eines Projektes zum Thema ‚Umwelterziehung‘ Umweltberater eingeladen hatten, die mit ihrer Aktion alle Kinder und Eltern erreichen wollten, waren wir gezwungen, den Eingangs- und Garderobenbereich sowie den Gang des Kindergartens als Ort für die Veranstaltung zu wählen. Und damit war auch der Anstoß gegeben, diesen Bereich zukünftig in unserem Kindergarten intensiver zu nutzen. Heute bilden die Garderobe und der Zugang zu den Gruppenräumen eine große Spielfläche, auf der die Kinder (und Eltern) aller Gruppen zusammentreffen. Sie ist das Zentrum der Kommunikation für die Kleinen und Großen.

Dieser Bereich ist während des Tages allen Kindern aller Gruppen zugänglich. Eine autonome (von Erwachsenen unabhängige) gruppenübergreifende Begegnung wurde für die Kinder unserer Erfahrung nach erst dadurch möglich, daß wir einerseits bestimmte Materialien (z.B. großes Konstruktionsmaterial; Couch und Bilderbücher ...) gezielt in diesen Bereich verlagerten und andererseits gemeinsam mit den Kindern Regeln für das Benützen des ‚Ganges‘ entwickelten...

Darüber hinaus haben wir gelernt, unser Kommunikationsforum vor den Gruppenräumen auch für gelenkte Angebote zu nutzen. Dieser Platz eignet sich besonders gut für Tätigkeiten, wie z.B. Spiele und Tänze, für die wir viel Platz brauchen. Immer wieder bieten wir derartige Aktivitäten für die Kinder unserer Gruppen auch außerhalb des Gruppenraumes an, dabei ergeben sich oft gruppenübergreifende Kontakte, wenn z.B. Kinder aus anderen Gruppen, die sich gerade im Eingangsbereich aufhalten, mitmachen wollen – und meist auch dürfen. Aber auch gezielte gruppenübergreifende Angebote, zu denen die Kinder (aller) anderer Gruppen von den verschiedensten Mitgliedern unseres Teams explizit eingeladen werden, sind in unserem Haus mittlerweise zur Gewohnheit geworden." (Team des Städtischen Kindergartens Graz-Rosenhain 1996, S. 84-85)

In vielen Kindergärten vollzieht sich eine derartige Öffnung (insbesondere wenn es sich um drei- und mehrgruppige Einrichtungen handelt) jährlich nach einer bestimmten Eingewöhnungszeit der neuen Kinder. Wenn sich die jungen Kinder im Kindergarten zurechtfinden, beginnen viele Erzieherinnen mit der Öffnung.

„Obwohl es in unserem Haus selbstverständlich war (und auch jetzt noch ist), daß die Kinder soziale Strukturen zuerst innerhalb der eigenen Gruppe erleben und festigen, und obwohl jede Kindergärtnerin stets bemüht war, die Kinder ‚ihrer' Gruppe bestmöglich durch verschiedenste Bildungsangebote zu fördern, stellten wir dennoch fest, daß sich unsere Arbeit vom üblichen Nebeneinander immer mehr zum Miteinander entwickelte. Wir Kolleginnen tauschten Meinungen aus, berichteten einander von Aktivitäten und Angeboten, stellten Fragen und gaben Antworten bzw. machten Vorschläge.
Dabei merkten wir, daß jede von uns Kindergärtnerinnen ein besonderes Interessensgebiet hat. Nun ist es ja so, dachten wir, daß jeder Mensch die Tätigkeiten, für die er begabt ist, mit besonders viel Liebe, Freude und Überzeugung ausführt und auch Wissenswertes aus dem eigenen Interessensgebiet besser vermitteln kann. Wir überlegten daher, wie wir diese Erkenntnisse für unsere Arbeit im Kindergarten nützen können. Aus dem Bemühen heraus, die uns anvertrauten Kinder durch variantenreiche Angebote bestmöglich zu fördern, entstand die Idee des gruppenübergreifenden Arbeitens." (Praxisbericht von Regina Nachbarganer, Birgit Reithner und Monika Teufel, Nö. Landeskindergarten Loosdorf II/Österreich, 1996)

Von solch einer Entscheidung ist es dann nicht mehr weit zum Einrichten von Funktionsräumen, zur Nutzbarmachung bisher ungenutzter Flächen: Der Flur wird zum Malatelier, die kuschelige Ecke in der Garderobe zur Erzähllecke, der Vorraum des Sanitärbereiches zur Töpferwerkstatt, der Gruppennebenraum zur Kinderbibliothek und zum Lesezimmer etc. Hierzu möchte ich noch Beispiele aus meiner eigenen Kindergartenpraxis anführen:

Unser Gruppennebenraum lag abseits der beiden Gruppenräume. Zum Turnen war er zu klein, zum nur selten genutzten „Intensivraum" für Einzelspiele oder Kleinstgruppengespräche zu schade.
Eines Tages wurde uns vom Dekanat ein riesiger Teppich als Geschenk angeboten. Ein Kindergarten hatte bereits abgelehnt, uns kam er gerade

31

recht. Er deckte fast den ganzen Fußboden im besagten Raum. Für das Fenster hatten wir einen dunkelblauen Cordvorhang genäht, um totale Dunkelheit herstellen zu können. Jetzt fehlten zur Ausstattung nur noch einige Matratzen, mit Überzügen in gedeckter Farbe, und einige Kissen. Da der Raum auch noch als Schlafraum genutzt werden sollte, verzichteten wir auf Betten und legten dafür die Kissen im Raum bereit.

Wir fanden auch einem Namen für den Raum – entsprechend seiner vielfältigen Zweckbestimmung: Knuddelzimmer. Betreten werden durfte er, so die Entscheidung der Kinder, nur auf Strümpfen. So signalisierten die vor dem Zimmer aufgereihten Hausschuhe gleich die Anzahl der dort befindlichen Kinder. Noch eine Regel stellten die Kinder auf: „Es muß ruhig sein. Wer denkt, er kann da Krach machen, fliegt raus!" Dies wurde auch akzeptiert.

Wozu diente nun der Raum? Neben Kissen und Matratzen befanden sich dort ein Kassettenrecorder, ein Plattenspieler (für die Kinder zugänglich und auch selbst zu bedienen) sowie unser ganzer Schatz an Bilderbüchern. Ich war schon immer dagegen gewesen, alle Bilderbücher im Leiterinnenzimmer aufzubewahren und nur zum jeweiligen Thema passende Bücher in den Gruppenraum zu holen. So standen alle unsere Bücher in den Bücherregalen des Knuddelzimmers. Die Kinder hatten ein eigenes Ordnungssystem entwickelt, das mit jeder neuen Kindergeneration wieder leicht verändert wurde. Außerdem beobachtete ich, daß viele Kinder ihr Lieblingsbilderbuch ganzjährig „lasen". Felix, er kam aus einem anderen Kindergarten mit fünf Jahren zu uns, sagte: „Gott sei Dank, daß ich jetzt die Weihnachtsbücher das ganze Jahr anschauen kann. Bloß zu Weihnachten, das war mir im alten Kindergarten immer zu kurz."

Wenn wir über eine Pflanze oder ein Tier sprachen, dann erteilte ich den Kinder auch oft den Auftrag, nach einem entsprechenden Buch oder Bild in unserer „Bibliothek" zu suchen. So wurde es für sie z.b. ganz selbstverständlich, in einem Bilderlexikon nachzuschlagen.

Im Knuddelzimmer betrachteten wir auch Dias oder trafen uns zum autogenen Training. Solche Stunden kommentierten die Kinder als „Ruhestillsein-Stunden" und forderten sie auch immer wieder ein.

Solch offenes Arbeiten in Funktionsräumen ist eine Öffnung nach innen, d.h., im Kindergarten selbst werden erst einmal alle Möglichkeiten der Öffnung erprobt. Es wäre ja auch unmöglich, in jedem Gruppenraum Angebotsecken für alle nur erdenklichen Aktivitäten einzurichten. So sollte jedes Team einmal eine Raumanalyse durchführen und dann vielleicht z.B. Abstellkammern entrümpeln und anders nutzbar machen.

Auf diese Art entstand in einem Kindergarten ein „Licht-Dunkel-Zimmer". Erst war es eine Abstellkammer, jetzt finden sich dort Taschenlampen, eine Stehlampe und allerhand Utensilien, die für Schattenexperimente gebraucht werden. So kann in einem Kellerraum auch eine Werkstatt entstehen, im Flur eine Bewegungsbaustelle etc.

Mit dem Einrichten solcher Aktivitätszentren allein ist es allerdings nicht getan – auch konzeptionell muß Bewegung in den Kindergarten kommen. Methodische und didaktische Überlegungen müssen parallel erfolgen, wenn diese Art der Öffnung gelingen soll. Das letzte Beispiel in diesem Kapitel, das vielleicht die Angst vor dem „Chaos" mindern wird, verdeutlicht, daß Regeln unverzichtbar sind, wenn wir die Gruppen öffnen und dennoch die Übersicht behalten wollen:

„So macht auch die Regel mit dem Stoppschild Sinn. Es hängt an jeder Tür. Im Gegensatz zur grünen Seite macht die rote Seite deutlich, auch dem Erwachsenen, daß man in dem Raum ungestört sein will. Für die Benutzung der Galerie hat sich in einigen Gruppen bewährt, daß nur eine begrenzte Anzahl Kinder gleichzeitig dort spielt. Dazu gibt es in diesen Gruppen folgende Regel: An dem Treppenaufgang zur Galerie hängen so viele ‚Eintrittskarten‘ an Bändern, wie Kinder dort oben allein spielen dürfen. Jedes Kind hängt sich ein solches Schild um, wenn es nach oben geht. So kann auch ein sehr kleines Kind überprüfen, ob es zu diesem Zeitpunkt auf der Galerie spielen kann, ob noch eines der ‚Umhängeschilder‘ frei ist. Regeln, die die Vielfältigkeit im Alltag strukturieren helfen, werden in jeder Gruppe eigenständig entwickelt. Es gibt aber auch gruppen- und hausübergreifend verbindliche Regeln. Einige Gruppen entwickeln Symbole für bestimmte Aufenthaltsorte, die die Kinder an einer Pinnwand ihrem Namen zuordnen. So wird auf einen Blick klar, wer sich wo aufhält, wer gerade in Räumen oder Gruppen außerhalb der eigenen ‚Wohneinheit‘ ist." (Englert et al. 1994, S. 38-39)

Das Konzept der Öffnung von Gruppen braucht auch eine neue Pädagogik – eine Pädagogik, die ständig im Fluß bzw. Prozeß ist und auch beim Erreichen von Teilzielen nicht erstarrt. Die Vielzahl der offenen Räume und die Formen offener Angebote werfen immer wieder Fragen auf, die vom Gesamtteam einer Einrichtung – ich verstehe darunter die pädagogischen Mitarbeiterinnen, die Kinder, die Mütter/ Väter, den Träger – immer wieder speziell für diese Einrichtung diskutiert werden müssen:

„Wie sicher bewegen und orientieren sich Kinder? Wie wichtig ist und bleibt die Bezugsperson, die Erzieherin, wenn sie nicht mehr Gruppenleiterin ist? In der Beobachtung des einzelnen Kindes, der Kleingruppe, in der Reflektion unserer Rolle als Erzieherin, versuchen wir die Antworten auf die gestellten Fragen und Anforderungen zu finden. Das einzelne Kind steht mehr im Mittelpunkt als im 3-gruppigen Kindergarten. Diese neue Sichtweise zwingt uns zu einer neuen Form der Pädagogik..." (Braun 1992, S. 96)

Wenn Sie also an einer neuen, prozeßhaften Pädagogik interessiert sind, dann können Sie sich auf den Weg machen und die Öffnung von Gruppen in Ihrer Einrichtung vorbereiten. Schritt für Schritt.

3. Weite Altersmischung

Martin R. Textor

In den letzten Jahren haben sich immer mehr Kindergärten für weitere Altersgruppen als die der Drei- bis Sechsjährigen geöffnet. Beispielsweise wurde in Nordrhein-Westfalen schon vor zwei Jahrzehnten damit begonnen, Kinder im Alter von vier Monaten bis zu sechs Jahren gemeinsam in einer Gruppe zu betreuen. Im Freistaat Bayern ist es seit Mitte der 90er Jahre möglich, freie Nachmittagskapazitäten in Kindergärten zur Aufnahme von Schulkindern, vorzugsweise der ersten und zweiten Grundschulklasse, zu nutzen. Dadurch wird einerseits auf die Situation reagiert, daß es aufgrund zurückgehender Kinderzahlen in vielen Regionen schon freie Kindergartenplätze gibt, während andererseits Betreuungsangebote für Schulkinder fehlen. In vielen Bundesländern gibt es inzwischen auch einzelne „Kinderhäuser" mit einer noch weiteren Altersmischung – im Extremfall vom Säuglingsalter bis zu 12 Jahren.

Diese Beispiele deuten schon an, daß es viele Formen einer weiten Altersmischung gibt. Generell lassen sich unterscheiden:

- „kleine" Altersmischung: Kleinst- und Kleinkinder werden gemeinsam in einer Gruppe betreut;
- „große" Altersmischung: Kleinst-, Klein- und Schulkinder (bis hin zu Zehn- oder Zwölfjährigen) leben in einer Gruppe zusammen;
- Einzelintegration andersaltriger Kinder: Bei mit Kleinkindern nicht besetzbaren Kindergartenplätzen werden einzelne Zweijährige oder Erst- (und Zweit-)Klässler aufgenommen, wobei es sich im letztgenannten Fall zumeist um schon zuvor in der Einrichtung betreute Kinder handelt;
- zeitweilige Altersmischung: Ansonsten getrennte Kindergarten- und Krippen- oder Hortgruppen öffnen sich relativ häufig füreinander, so daß unterschiedlich alte Kinder gemeinsam am Freispiel, an angeleiteten Aktivitäten oder Projekten teilnehmen können (vgl. Kapitel „Die Öffnung von Gruppen"). Dies ist in der Regel nur möglich, wenn sich die Gruppen bzw. Einrichtungen auf demselben

Grundstück oder auf benachbarten befinden. Besuchen sich Kindergarten- und Krippen- bzw. Hortkinder nur gelegentlich, ist darin eher eine Form der Gemeinwesenorientierung zu sehen (vgl. Kapitel „Öffnung nach außen").

In diesem Kapitel werde ich mich auf die beiden erstgenannten Formen der weiten Altersmischung beschränken, da sie die umfassenderen sind. Dabei werde ich weder den in diesem Kontext häufig verwendeten Begriff „Kinderhaus" noch das Wort „Familiengruppe" gebrauchen. Meines Erachtens sollte jede Kindertageseinrichtung ein „Kinderhaus" – oder noch besser: ein „Haus für Kinder und Eltern" (Erwachsene) – sein. Den Begriff „Familiengruppe" lehne ich ab, weil er auf einer romantisch verklärten Vorstellung von der „Großfamilie" beruht. Meist ist unbekannt, daß es in der deutschen Geschichte Familien mit drei Generationen und vielen Kindern nur im 19. und zu Beginn des 20. Jahrhunderts – also in einer relativ kurzen Epoche – gab und daß in den weitaus meisten dieser Familien die Geschwister keine unbeschwerte Kindheit mit gemeinsamem Spiel und Spaß erlebten, sondern schon früh auf dem Hof, im Haushalt, in Fabriken und Bergwerken arbeiten mußten (vgl. Textor 1993, S. 21-36, S. 43-45). Ferner kann ich folgender Aussage von Professor Erath (1992) nur zustimmen: „Doch die erweiterte altersgemischte Gruppe ist nicht familienähnlich...: Weder sind die Erzieherinnen Ersatzmütter, noch taugt die Gruppe als Familienersatz ..." (S. 110)

Zur Entstehung weit altersgemischter Einrichtungen

Wie kommt es nun zur weiten Altersmischung in Kindertageseinrichtungen? Jutta Fetz sendete folgenden Bericht aus Koblenz:

„Der Einstieg in die große Altersmischung war wenig erfreulich: Die Kindertagesstätte Kemperhof, Betriebskindertagesstätte eines städtischen Krankenhauses, wurde 1974 im leerstehenden Altbau eröffnet. Die Einrichtung umfaßte damals eine Kindergartengruppe für 15 Kinder. Sehr bald erhielten wir die Anweisung, die 18 Monate alte Kristin aufzunehmen. Ich war entsetzt. An diesem Abend dachte ich ernsthaft darüber nach, meine Stelle zu kündigen. Denn dazu wollte ich mich nicht hergeben, und Erzieherinnen wurden damals überall gesucht. Aus meiner Ausbildung hatte ich die Überzeugung mitgenommen, daß so kleine Kinder zur Mutter gehören und daß Krippen eher etwas Negatives sind. Ich fand auch nur Literatur, die ausschließlich negative Auswirkungen von Krippenerziehung beschrieb, z.B. die Untersuchungen von René Spitz über Retardierungen und Hospitalismusschäden.

Dann kam Kristin und stellte unsere Kindergartengruppe buchstäblich auf den Kopf. Nichts war vor ihr sicher. Sie juchzte, wenn sie ein teures Bilderbuch zerriß, freute sich, wenn unter ihren Händen die kunstvollen Legohäuser der Großen zerfielen. Wir Erzieherinnen hatten nur unsere Kindergartenkonzepte in den Köpfen und fanden es ganz toll, daß das gesamte mögliche Angebot an Spielmaterialien in Reichweite der Kinder stand. Wir kamen zuerst überhaupt nicht auf die Idee, die Dinge in der Kindergartengruppe anders zu strukturieren. Wir wußten keine Antworten auf die Fragen, die Kristins Anwesenheit mit sich brachte.

Ich freute mich, daß bald fünf weitere Krippenkinder angemeldet wurden, denn wir glaubten, unsere Probleme lösen zu können, indem wir eine Krippengruppe aufmachen und diese kleinen Störenfriede in sie verbannen könnten. So wurde unsere erste Krippengruppe 1975 eingerichtet.

Wir suchten Kontakt zu anderen Einrichtungen, in denen Kinder unter drei Jahren betreut wurden. Diese Plätze waren aber damals in Rheinland-Pfalz noch dünner gesät als heute. Ich suchte auch nach gesetzlichen Grundlagen und Ausführungsbestimmungen für die Betreuung von Krippenkindern, erhielt aber vom Ministerium für Soziales und Familie die Auskunft, daß nicht daran gedacht sei, Regelungen für Krippen zu erlassen. Rheinland-Pfalz habe zwar als erstes Bundesland ein Kindergartengesetz verabschiedet, aber durch neue Regelungen zur Krippenbetreuung würden ja eventuell Träger ermutigt, solche Einrichtungen anzubieten. Dies sei nicht im Sinne des Ministeriums. Allerdings versprach man mir, daß alle Träger und Leiterinnen von Krippen demnächst zu einem Gespräch in Mainz eingeladen würden, damit gemeinsam über die Zukunft dieser Betreuungsform nachgedacht werden könne. Auf dieses Gespräch habe ich lange umsonst gehofft.

Im Laufe der Jahre wuchs die Einrichtung immer weiter. Längst gab es keine Altersbegrenzung nach oben mehr, weil wir der Überzeugung waren, daß es nicht sinnvoll sein kann, wenn wir Kleinstkinder aufnehmen und nur bis zur Einschulung betreuen. Gerade wenn die Kinder den Eintritt in die Grundschule mit der Umstellung auf neue Klassenkameraden und die Lehrerin verkraften müssen, wollten wir ihnen nicht auch noch den Wechsel in einen Hort zumuten. Ein sehr aktiver Elternausschuß organisierte eine Fahrt zu einer Kindertagesstätte in Nordrhein-Westfalen. Dort konnten wir in der Praxis sehen, wie 18 Kinder in einer Gruppe mit großer Altersmischung betreut wurden. Für uns stand fest: So wollten wir auch arbeiten.

1978 betreuten wir 120 Kinder: 30 Kinder in drei Krippengruppen, 75 Kinder in drei Kindergartengruppen und außerdem noch etliche Schüler. Die jüngsten waren wenige Monate, die ältesten 12 Jahre alt. Da kam die Kündigung für unsere Räume, weil das Haus abgerissen werden sollte.

1986 zogen wir mit fünf Gruppen in neue Räume um, in einen anderen Teil des alten Krankenhauses. Bei der Planung der Umbaumaßnahmen für die neuen Räume war ich zwar beteiligt, aber ein Umbau für Gruppen mit großer Altersmischung war nicht durchzusetzen. Diese Betreuungsform gab es in unserem Bundesland nicht. Langfristig vor dem Umzug hatten wir die Schüler und eine Kindergartengruppe aus der Einrichtung herauswachsen lassen. Ich war mit dieser Lösung sehr unzufrieden. Wir betreuten inzwischen verstärkt Kinder Alleinerziehender. Hortplätze waren in Koblenz knapp und nur schwer zu bekommen. Ich fragte die Verantwortlichen immer wieder: ‚Was nützt kompensatorische Erziehung in den ersten sechs Lebensjahren, wenn die Kinder genau zum Schuleintritt aus der gewohnten Umgebung heraus müssen und in vielen Fällen kein vernünftiges Betreuungsangebot besteht?'

Von 1990 bis 1992 lief dann in Rheinland-Pfalz der Modellversuch ‚Häuser für Kinder'. Die Teilnehmer am Modellversuch arbeiteten mit Gruppen mit großer Altersmischung. Wir durften als Gasthörer an den Fortbildungsveranstaltungen teilnehmen. Jetzt konnten wir endlich unsere Gesamtkonzeption verändern.

In dieser Phase habe ich mich zum ersten Mal als Bremser meines Teams gefühlt. Meine Kolleginnen, die teilweise schon seit vielen Jahren in Krippen-, Kindergarten- und Hortgruppen arbeiteten, waren so begeistert, daß mir Angst und Bange wurde vor so viel Aktivität. Schließlich einigten wir uns darauf, erstmal eine Gruppe umzustrukturieren und dann nach und nach die anderen vier Gruppen. In diese Zeit fiel auch die Genehmigung des Trägers für eine erneute Schülerbetreuung.

16 Jahre lang hatten wir auf diese große Altersmischung hingearbeitet. Wir hatten zwar den Übergang von der Krippe zum Kindergarten pädagogisch sinnvoll gestaltet, aber es war und blieb ein Ärgernis für alle Beteiligten. Wir beobachteten immer wieder, daß Kinder größte Probleme mit der Ablösung von ihrer Krippenbezugsperson hatten. Manche Kinder waren vier Jahre alt, bevor sie – als äußeres Zeichen des vollzogenen Wechsels – freiwillig ihre Eigentumskiste aus der Krippengruppe in die Kindergartengruppe umräumten. Wir legten jeweils eine Krippengruppe und die dazugehörige Kindergartengruppe räumlich direkt nebeneinander, und die Kindergartenerzieherinnen besuchten ihre zukünftigen Schützlinge regelmäßig in der Krippe, aber dies waren alles Klimmzüge, die die Situation nicht wesentlich verbesserten. Für die Eltern, die oft bereits während der Schwangerschaft erste Kontakte zu den Krippenerzieherinnen aufgebaut hatten, war der Übergang in die Kindergartengruppe immer wieder ein Beziehungsabbruch. Stellvertretend für die Erzieherinnen zitiere ich hier eine Kollegin: ‚Wenn wir die Kinder aus dem Gröbsten 'raushaben, dann müssen wir sie abgeben.'

Eine große Belastung für die Krippengruppen war auch das schnelle Herauswachsen der Kinder und die damit verbundenen häufigen Neuaufnahmen. Ein stabiles Sozialgefüge konnte kaum wachsen. Außerdem kamen auf die Erzieherinnen zu viele Kinder in einem Alter, in dem diese noch sehr stark von ihrer Bezugsperson abhängig sind.

Seit Dezember 1990 arbeiten wir nun mit fünf, seit September 1993 mit sechs Gruppen mit weiter Altersmischung. In Einzelfällen nehmen wir Kinder direkt nach der Mutterschutzfrist auf. Viele Kinder sind bei der Aufnahme sechs bzw. 12 Monate alt, etliche auch zwei Jahre. Ältere Kinder können wir in der Regel nicht aufnehmen, weil sonst die Altersstruktur der Gruppen gestört würde."

Wohl die meisten weit altersgemischten Kindertagesstätten haben sich auf ähnliche Weise aus Regeleinrichtungen heraus entwickelt. Vereinzelt sind sie aber auch neu gegründet worden. Susanne Treffer beschreibt nun, wie im Sozialpädagogischen Zentrum St. Leonhard dieser Prozeß verlief:

„Im Kindergartenjahr 1994/95 wurde unter meiner Leitung eine altersgemischte Gruppe in Regensburg eröffnet, die speziell darauf konzipiert ist, 16 Kinder im Alter von ein bis sechs Jahren gemeinsam zu betreuen. Auf diese Weise sollten die allgemein vorherrschenden, separat angebotenen Betreuungsformen wie Kinderkrippe, Krabbelstube und Kindergarten aufgebrochen werden. Die gemeinsame Erziehung der Kleinst- und Kleinkinder sollte alters- und institutionenübergreifend funktionieren.

Mir wurde die Ernsthaftigkeit dieses Neubeginns sofort bewußt. Aus diesem Grund war das Angebot, die Leitung anzunehmen, für mich eine große Herausforderung. Ich wollte meine persönlichen Gedanken, Ideen und Erfahrungen als selbstbetroffene Mutter, aber auch meine eigenen pädagogischen Vorstellungen einbringen, die nicht nur auf historischen Vorbildern (z.B. Fröbel, Pestalozzi, Montessori und Freire), sondern auch auf dem Gedankenaustausch mit anderen, mir persönlich bekannten, fortschrittlich denkenden Pädagogen beruhen. Zugleich wollte ich Veränderungen bestehender Strukturen im Kindergartenbereich mitbewirken.

In unserer heutigen Zeit halte ich es für dringend notwendig, eine weite Altersstreuung als zusätzliche Alternative neben den anderen Formen der Kinderbetreuung im Elementarbereich anzubieten. Diese Altersmischung fordert es geradezu heraus, klassische Betreuungsformen, die sich zwar bewährt haben, aber in unserem Sozialsystem nicht mehr als einzigartig zu akzeptieren sind, neu zu überdenken. Dies beziehe ich auch ganz klar auf die pädagogischen Inhalte.

Bei meinen Vorplanungen für das zukünftige Konzept war ich einerseits an die Tradition des Hauses St. Leonhard gebunden, das unter katholischer Trägerschaft durch einen Verein geführt wird. Andererseits ließ mir die Heimleitung einen weiten Handlungsspielraum für mein eigenes pädagogisches Denkmodell. Meine Vorstellungen standen zudem im Einklang mit den Empfehlungen des Staatsinstituts für Frühpädagogik, das im Rahmen eines Modellversuchs unsere Einrichtung begleitete: eine intensivere Elternarbeit aufzubauen, die Auswirkungen der weiten Altersstreuung auf die Kinder zu untersuchen, eine innere und äußere Öffnung zu praktizieren usw. Als Ausgangspunkt für meine Überlegungen spielten neben oben genannten Gründen auch soziale Hintergründe eine Rolle, insbesondere die gegenwärtige Familiensituation. Es ist eine Tatsache, daß viele Probleme im Familienleben auch gesellschaftlich bedingt sind. Leider leben wir in einer familienfeindlichen Gesellschaft, die kaum noch die Familienstrukturen stabilisiert. Die Instabilität beziehe ich auf die Situation der Kleinfamilie, die mangelnden Ressourcen zur Problemlösung, die Lage der „Nur"- Hausfrauen, die Benachteiligung der Familien mit einer höheren Kinderzahl und natürlich die Situation der alleinerziehenden Mütter und Väter. Die Zusammenhänge mit gesellschaftlichen Problemen liegen auf der Hand, also z.b. mit Arbeitslosigkeit, Wohnungsnot, Krankheit (Suchtverhalten jeder Art), Berufstätigkeit im Schichtdienst, Ausbildungsproblematik, weitere wirtschaftliche Gründe usw. Diese Problemsituationen spiegeln sich im Familienalltag wider und führen vielfach zu Erziehungsschwierigkeiten. Mitbetroffen sind somit die Kinder, die Basis unserer Gesellschaft.

Gerade in der weit altersgemischten Gruppe sehe ich eine Chance, Kindern wieder mehr Stabilität zu geben. Man kann sie als Einrichtung verstehen, die versucht, einen Gegenpol zu dieser Entwicklung zu bilden. Das bedeutet, sich von den festgefahrenen Mustern in der Frühpädagogik zu trennen und stattdessen die Kindertageseinrichtung als familienunterstützendes Angebot zu konzipieren, das sich lebensnah den Familiensituationen anpaßt. Die altersgemischte Gruppe soll somit auch eine entlastende Funktion für die Eltern haben. Dazu gehören optimale Betreuungsmöglichkeiten, dem Wunsch der Eltern entsprechende verlängerte Öffnungszeiten, die Mittagsbetreuung und die sozialpädagogische Begleitung der Eltern (sofern notwendig). Zugleich verfolge ich das Ziel, den pädagogischen Alltag gewinnbringend mit und für die Kinder zu gestalten. Die Kinder sollen sich in dem sozialen Netz, dem Haus für Kinder, wohlfühlen. Wird all dies erreicht, dann wirkt die Einrichtung familienergänzend und -unterstützend, werden Familien stabilisiert – egal, um welche Familienform es sich handelt.

Um den Anspruch einer erweiterten Altersmischung nachkommen zu können, war der Träger der Einrichtung von Beginn an darauf bedacht, schon allein aus pädagogischen Gründen die Gruppenkapazität so niedrig wie möglich zu halten. Gleich nach Bekanntwerden des Modellprojektes in der Öffentlichkeit hat es sich bestätigt, daß gerade für Kinder im Alter von ein bis sechs Jahren eine große Nachfrage für diese Betreuungsart besteht, insbesondere in Verbindung mit der langen Öffnungszeit bis 18.00 Uhr. So lagen wesentlich mehr Anmeldungen vor, als Kinder aufgenommen werden konnten.

Ich versuchte, bei den Aufnahmeentscheidungen eine ausgewogene Altersmischung und eine annähernd gleiche Geschlechterverteilung zu erreichen. Aufgrund der Aufnahme von Geschwisterkindern kam es jedoch zu einer geringen Überzahl an Buben. Es wurden insgesamt 16 Kinder im Alter von ein bis sechs Jahren aufgenommen, davon vier Kinder unter drei Jahren.

Für einige Eltern ergaben sich plötzlich vollkommen neue Perspektiven in ihrer persönlichen Familiensituation. Die Möglichkeit, Geschwisterkinder mit einer Altersdifferenz von zwei oder drei Jahren gemeinsam in einer Gruppe betreuen zu lassen, entspricht dem gewünschten familiären Charakter und verleiht den Eltern ein Gefühl von Sicherheit. Durch die Aufnahme von einigen Geschwisterkindern reduzierte sich für uns die Gesamtelternschaft. Ich verband damit die Erwartung, eine intensivere Eltern- und Familienarbeit leisten zu können."

Arbeiten und Leben in der weit altersgemischten Gruppe

Die im Extremfall 12 Jahre umfassende Verweildauer der Kinder in weit altersgemischten Gruppen, die lange tägliche Verweildauer (Ganztagseinrichtungen) und die geringe Fluktuation in der Gruppenzusammensetzung (vergleichsweise wenige Neuaufnahmen/Abmeldungen) bedingen, daß sich sehr enge Beziehungen zwischen den Kindern ausbilden – sie erleben sich fast als Geschwister. Aber auch das Verhältnis zwischen Erzieherinnen und Kindern wird sehr eng. Insbesondere wenn dieselbe Fachkraft ein Kind acht oder zehn Jahre lang begleitet und von diesem positiv erfahren wird, kann sie zu einer der wichtigsten Bezugspersonen in seinem Leben werden – und zu einem bedeutenden Gesprächspartner seiner Eltern. Sie kennt das Kind, seine Lebenssituation, Persönlichkeit, Stärken und Schwächen sehr gut, übernimmt viel Verantwortung für seine Weiterentwicklung und macht sich Gedanken über seine Zukunft.

Eine genaue Kenntnis des jeweiligen Kindes, die durch seine regelmäßige (gezielte) Beobachtung erhärtet werden sollte, ist in weit altersgemischten Gruppen eine noch wichtigere Voraussetzung für eine angemessene Betreuung, Erziehung und Bildung des Kindes als in Regeleinrichtungen. Hier kann man nicht wie bei geringen Altersunterschieden von Kindern davon ausgehen, daß diese auf einem vergleichbaren Entwicklungsstand sind, ähnliche Bedürfnisse haben und deshalb von denselben Angeboten profitieren werden. Vielmehr muß jedes Kind aufgrund der breiten Altersspanne einzeln betrachtet und gefördert werden. In weit altersgemischten Gruppen ist somit eine höhere Sensibilität der Erzieherinnen für die Individualität der Kinder unverzichtbar. Die Fachkräfte müssen den – höchst unterschiedlichen – Entwicklungsstand eines jeden Kindes und seine Entwicklungsbedürfnisse kennen. Nur dann können sie es angemessen

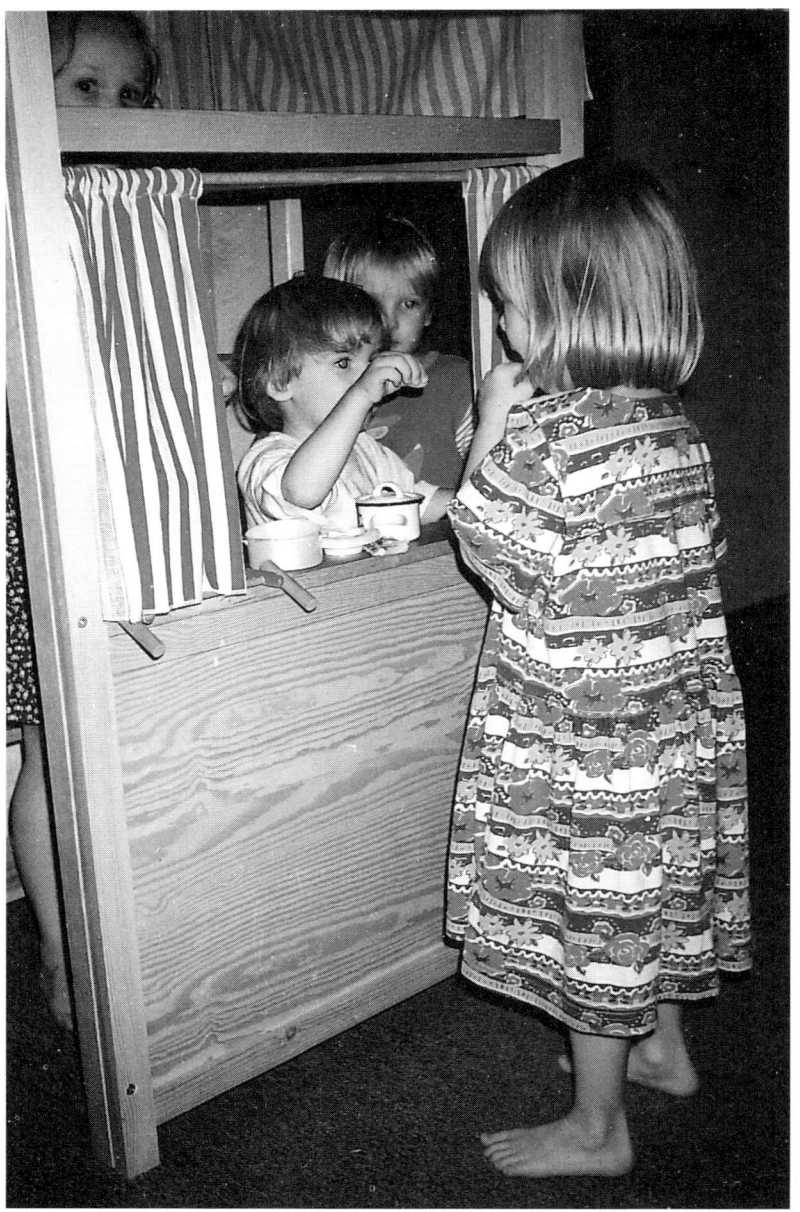

fördern – und das heißt zugleich: anders als die meisten anderen Kinder in der Gruppe. Dies bedeutet, daß sie die Entwicklungsstufen von Kindern zwischen null und zehn, zwölf Jahren kennen und verstehen müssen. Sie sollten mit einer sehr großen Bandbreite kindlicher Bedürfnisse, Interessen und Verhaltensweisen zurechtkommen, unterschiedlich anspruchsvolle Spiel- und Erfahrungsmöglichkeiten bieten und pädagogische Angebote für ganz verschiedene Altersgruppen machen können. Weder dürfen ältere Kinder unterfordert noch jüngere überfordert werden.

Somit kommt es zu einer Differenzierung bei vielen von den Erzieherinnen angeleiteten Aktivitäten. Aber auch im Freispiel teilen sich die Kinder aufgrund der großen altersbedingten Unterschiede zumeist in Kleingruppen auf oder beschäftigen sich alleine. Insbesondere die älteren Kinder gesellen sich bevorzugt alters- und geschlechtsgleich; die intensiveren Freundschaften werden in der Regel mit Gleichaltrigen geschlossen. Zu länger andauernden Spielkontakten mit viel jüngeren Kindern kommt es vor allem dann, wenn Gleichaltrige fehlen (wenn z.B. ein einzelnes Schulkind vor Beginn der Schule in der Einrichtung ist). Interaktionen zwischen unterschiedlich alten Kindern werden vor allem im Kuschelbereich, in der Rollenspielecke, bei Mahlzeiten, bei Feiern und Besprechungen beobachtet.

Bei der „großen" Altersmischung werden intensivere Kontakte zwischen unterschiedlich alten Kindern noch dadurch erschwert, daß die Schüler/-innen in der Regel erst mittags in die Einrichtung kommen, oft separat ihr Mittagessen erhalten (die jüngeren Kinder haben früher Hunger und benötigen dann ihre Mahlzeit) und anschließend ihre Hausaufgaben machen. Wenn sie dann von jüngeren Kindern in Spiele und andere Aktivitäten einbezogen werden könnten, werden diese oftmals schon von ihren Eltern abgeholt. Klein und Vogt (1995, S. 52 f.) schreiben über ihre Einrichtung mit „großer" Altersmischung:

„Alle auf einmal sind regelmäßig nur bei folgenden Anlässen anzutreffen: dem täglichen Nachmittagsessen, etwa einmal wöchentlich für 15 Minuten während der Gruppenbesprechung oder einer anderen Form gemeinsamer Planung und Absprache und schließlich bei Festen. Eingeschränkt kommt die komplette Gruppe auch in gemeinsamen Freizeiten, bei Ausflügen und in den Ferien zusammen. Aber auch bei Ausflügen sind altersspezifische Unternehmungen verbreitet, in den Ferien sind selten alle Kinder anwesend."

So empfehlen Klein und Vogt die Pflege von Zugehörigkeitsgefühlen, z.B. durch das Anlegen von Gruppentagebüchern, Fotoalben oder Chroniken.

Üblicherweise findet sich in weit altersgemischten Einrichtungen also ein Teil der Kinder in freien Spielgruppen zusammen, gehen andere Einzelaktivitäten nach und nehmen die übrigen an einem Angebot der Erzieherin teil. Die Fachkräfte stehen mehr am Rande des Geschehens als in dessen Mittelpunkt und greifen nur ein, wenn es bestimmte Situationen erfordern. Sie machen weniger Bildungsangebote (z.B. nach einem Rahmenplan) als in Regeleinrichtungen und arbeiten wegen der unterschiedlichen Bedürfnisse und Interessen der Altersgruppen sehr viel seltener mit der ganzen Gruppe. Allerdings werden oft Projekte durchgeführt, da sich an ihnen Kinder mit ganz unterschiedlichen Fähigkeiten und Fertigkeiten beteiligen können. Bei großen Altersunterschieden werden hier aber die Kleinst- (und Klein-)Kinder häufig in eine Beobachterrolle gedrängt. So beschränkt z.B. das Kinderhaus „Carlo Steeb" in Tübingen auch bei Projekten die Beteiligung auf Kinder mit einem ähnlichen Entwicklungsstand.

Die Erzieherinnen in weit altersgemischten Einrichtungen arbeiten also überwiegend mit Kleingruppen – mit Kindern, die sie gerade gebrauchen oder mit denen sie sich gezielt beschäftigen möchten. Aufgrund der Verschiedenartigkeit der Kinder müssen sie ganz unterschiedliche Aktivitäten anbieten – was ihnen zugleich viele Möglichkeiten zur Selbstverwirklichung eröffnet: „Interessenbereiche werden neu entdeckt und ausgebaut. Fußballtraining, Seidenmalerei, der Umgang mit Gießton, die Einrichtung einer Hausbücherei und die Beschäftigung mit Kinderliteratur, Gartenarbeit, das Leiten einer Forschergruppe, autogenes Training mit Kindern, der Umgang mit Holz oder die langfristig angelegte Beschäftigung mit dem Leselernprozeß bei Kindern sind solche Bereicherungen im Tätigkeitsfeld der Erzieherin." (Klein/Vogt 1995, S. 92)

Insbesondere in vielen Kindertagesstätten mit „großer" Altersmischung wird mehr Wert auf die Gestaltung des alltäglichen Zusammenlebens und die gemeinsame Haushaltsführung gelegt als in Regeleinrichtungen: „Die Kinder sind in den Ablauf eines Haushaltes gestellt, erleben und gestalten ihn nach ihrem Vermögen und Bedürfnis mit. Sie beteiligen sich an allen anfallenden Haus- und Gartenarbeiten, die von den Betreuern im Laufe des Tages getan werden, wie Kochen,

Waschen, Putzen, Bügeln, kleinere Reparaturarbeiten usw." (Gründel 1995, S. 15)

Das bedeutet natürlich auch, daß hier die Fachkräfte mehr hauswirtschaftliche und pflegerische Tätigkeiten übernehmen als z.B. im Kindergarten. Wenn morgens die Schulkinder noch nicht anwesend sind, nimmt eine Erzieherin auch einzelne Kinder mit zu Besorgungen und Einkäufen.

Nachstehendes Beispiel von Jutta Fetz (Kindertagesstätte Kemperhof in Koblenz) verdeutlicht sehr gut, welche kognitiven und lebenspraktischen Herausforderungen allein im Tischdecken liegen:

„Neulich kam ich dazu, als die fünfjährige Carmen und der dreijährige Fritz den Eßtisch deckten. Sie gingen zunächst zu dem Speiseplan im Eingangsbereich des Hauses und betrachteten die Fotos von den angekündigten Speisen. Dann berieten sie, welches Besteck für die Speisen gebraucht würde. Anschließend diskutierten sie, ob flache oder tiefe Teller benötigt würden, und stellten fest, daß auch noch Salatteller geholt werden müßten. Alle benötigten Gegenstände wurden auf einem kleinen Abstelltisch zurechtgelegt. Als letztes suchten sie noch das erforderliche Vorlegebesteck zusammen, stellten Kerzen und Servietten auf den Tisch.

Jetzt mußte die Tischordnung festgelegt werden, und das war gar nicht so einfach: Carmen wollte Nina füttern. Deshalb mußte sie neben einem Tripp-Trapp sitzen. Nina sollte zusätzlich einen kleinen Plastiklöffel bekommen, denn sie versucht bereits, selbst zu essen. Gudrun, eine Erzieherin, mußte zwischen zwei Tripp-Trapps gesetzt werden, denn sie ist die Bezugsperson der Zwillinge Mona und Lisa und muß beide füttern. Florian und Angelo essen noch nicht lange selbständig. Sie bekommen einen Plastiklöffel. Petra ißt mit einer Kuchengabel, weil die normalen Gabeln für sie noch zu groß sind. Sylvia, eine an-

45

dere Erzieherin, muß so sitzen, daß sie von der Kuschelecke aus gesehen werden kann, denn dort liegt Manuel, fünf Monate, der bereits gegessen hat, weil er schon vorher Hunger hatte.

Ich kenne diese Arbeit ja nun schon seit 22 Jahren, aber ich staune immer wieder, wie Kinder eine solch komplexe Aufgabe mit Konzentration und Ausdauer lösen.“

Ansonsten konzentrieren sich die Fachkräfte auf die Schaffung einer anregenden Umwelt, in der alle Altersstufen entwicklungsfördernde Anreize und Materialien vorfinden. Sie lassen den Kindern viel Raum zur Selbsttätigkeit und Eigenaktivität, geben ihnen viel Verantwortung für die Gestaltung ihres Alltags und fördern ihre Selbständigkeit. Beispielsweise legen die Mitarbeiterinnen der weit altersgemischten Kindertagesstätte in Oberföhring großen Wert darauf, daß die Kinder Spielkonstellationen und Spielinhalte selbst organisieren. Die Erwachsenen halten sich im Hintergrund und beobachten die Kinder, die sie bei der Verwirklichung ihrer Ideen im Bedarfsfall unterstützen. Das Lernen in weit altersgemischten Gruppen erfolgt also überwiegend selbstgesteuert und eigenständig, wobei die Kinder ihrem individuellen Rhythmus folgen können. Die Kinder lernen unabhängiger von der Person der Erzieherin und ihren pädagogischen Angeboten als in Regeleinrichtungen.

Aufgrund der weiten Altersspanne lernen die jüngeren Kinder mehr von den älteren als in Krippe, Kindergarten oder Hort. Letztere sind in ihrer kognitiven, motorischen, sozialen und Sprachentwicklung weit fortgeschritten, so daß erstere auf dem Wege des Modelllernens von ihnen profitieren. Die jüngeren Kinder können die älteren leichter nachahmen, da deren Verhalten weniger komplex als das der Erwachsenen ist. Hinzu kommt, daß Lernerfolge von den älteren Kindern verstärkt werden. Diese leiten auch das Spiel der jüngeren an, geben Spielideen, Beschäftigungen und eine Fülle anderer Anregungen an sie weiter. Immer wieder kann beobachtet werden, daß jüngere mit etwas älteren Kindern spielen wollen, da das Spiel mit einem erfahreneren Partner in der Regel interessanter und abwechslungsreicher ist. Auch konfrontieren ältere Kinder die jüngeren mit Situationen, Themen und Gegenständen, denen letztere in Regeleinrichtungen nicht begegnen würden. Beispielsweise führt die Anwesenheit von Schulkindern in der Gruppe dazu, daß Schulanfänger schon vor ihrem ersten Schultag bestens Bescheid wissen, was auf sie zukommt. Außerdem beobachtete z.B. das Team des „Hauses für Kinder“ in Hanau, daß die älteren Schulkinder ein gerade eingeschultes Gruppenmitglied auf dem Schulweg begleiteten und auf es warteten, bis der Unterricht vorbei war.

Es profitieren jedoch nicht nur die jüngeren Kinder von der weiten Altersmischung, sondern auch die älteren: Sie „lernen durch Lehren", wenn sie den anderen etwas erklären oder vormachen und dabei ihre Kenntnisse vertiefen und Fertigkeiten verbessern. Zugleich gewinnen sie an Selbstvertrauen. Auch führt die Anwesenheit kleinerer und schwächerer Kinder dazu, daß die älteren soziale Verhaltensweisen wie Hilfsbereitschaft, Rücksichtnahme und Einfühlungsvermögen entwickeln. Schließlich werden sie durch den spontanen Körperkontakt mit Kleinkindern emotional bereichert und lernen, wie man auf deren Bedürfnisse – und diejenigen von Säuglingen – reagiert.

Bei einer „großen" Altersmischung verlaufen nicht nur Schulvorbereitung und der Übergang zur Schule anders als in Regeleinrichtungen (eher nebenher), sondern auch die Eingewöhnung neuer Kinder. Da jedes Jahr nur zwei oder drei (Kleinst-)Kinder aufgenommen werden, werden sie von der Gruppe freudig erwartet, liebevoll umsorgt und von Anfang an als einzigartige Individuen wahrgenommen. Die älteren Kinder betreuen sie mit und entlasten auf diese Weise die Erzieherinnen. Zugleich werden sie im weitesten Sinne zu „Bezugspersonen", in deren Nähe sich auch ein Säugling sicher und geborgen fühlt, wenn die Fachkraft für kurze Zeit den Raum verläßt. Allerdings müssen viele ältere Kinder erst lernen, daß Kleinstkinder keine „niedlichen Püppchen" sind und entsprechend behandelt werden können. Auf jeden Fall sollte sichergestellt werden, daß ein neu aufgenommener Säugling von Anfang an eine bestimmte erwachsene Bezugsperson hat, die sich kontinuierlich um ihn kümmert und die Befriedigung seiner Bedürfnisse sicherstellt.

Die weite Altersmischung kann sich für Kinder in bestimmten Lebenslagen besonders positiv auswirken. Beispielsweise kommen Einzelkinder mit viel jüngeren und älteren Kindern zusammen, erleben sich zunächst als das kleinere und schließlich als das größere Kind. Diese Erfahrungen können das Fehlen von solchen mit Geschwistern kompensieren. Auch können Einzelkinder in der Gruppe lernen, was es heißt, wirklich helfen zu können. Dadurch wird u.a. ihr Selbstbewußtsein gestärkt. Ferner kann beobachtet werden, „daß ein unsicheres, schüchternes und zurückhaltendes Kind sich zunächst einmal nur dem jüngsten Kind der Gruppe zuwendet und nähert. Dort erfährt es die nötige Anerkennung und Bestätigung, es spürt keine Konkurrenz. Durch den Umgang mit dem jüngeren Kind gewinnt es nach und nach mehr Sicherheit und Selbstvertrauen. Irgendwann wird der Schritt zur Annäherung an die Gleichaltrigen leichter und der gewünschte Kontakt zu älteren Kindern aus eigener Initiative hergestellt." (Will 1991, S. 346)

Ähnliches gilt für entwicklungsverzögerte oder gar behinderte Kinder, die sich gegenüber sehr viel jüngeren Kindern nicht unterlegen fühlen müssen, sondern diesen oft sogar etwas beibringen können. Jutta Fetz von der Kindertagesstätte Kemperhof meint hierzu:

> „Familiengruppen bieten einem behinderten und auch einem stark retardierten Kind die hervorragende Chance, immer wieder Situationen zu erleben, in denen Kinder beteiligt sind, die noch weniger können als es selbst. Gleichzeitig aber hat das behinderte Kind alle Lernanreize zur Verfügung, die sich aus der Altersmischung ergeben. Der Betreuungsaufwand ist vergleichbar mit dem Betreuungsaufwand für einen Säugling und so individuell planbar.
>
> Bert sprach mit 22 Monaten noch kein verständliches Wort, Jo konnte mit 24 Monaten noch nicht krabbeln, Grit ist geistig behindert, Katrin fehlt ein Teil des Arms. Sie alle leben in unserem Haus und – soweit dies zur Zeit zu beurteilen ist – entwickeln sich gut.
>
> Wir suchen, nicht nur in diesen vier Fällen, Kontakt zu den einzelnen Therapeuten unserer Kinder und konnten zu manchen Beratungs- und Therapieeinrichtungen gute Beziehungen aufbauen."

Das Vorbild der größeren Kinder und das Bestreben, so wie sie sein zu wollen, führen dazu, daß jüngere Kinder schnell selbständig werden. Zudem werden sie von den älteren unterstützt, wenn sie sich einer fürsorglichen Überwachung entziehen wollen. Da die Erzieherinnen die Kinder aufgrund der langen Verweildauer in der Gruppe gut kennen, können sie relativ gut beurteilen, welche Freiräume sie ihnen bereits geben dürfen. Zudem sind leichter individuelle Regelungen möglich, wenn ein Altersjahrgang nur durch wenige Kinder vertreten ist.

Die frühe Selbständigkeit der Kinder, die hohe Selbstorganisationsfähigkeit von Schulkindern und die Unterstützung durch ältere Kinder bei Versorgungs- und Betreuungstätigkeiten entlasten die Erzieherinnen. Diese gewinnen dadurch Zeit, um sich intensiv Kleingruppen, entwicklungsverzögerten Kindern oder Eltern zuwenden zu können. Vor allem aber können sie sich Säuglingen und Kleinstkindern mit ihrem hohen individuellen Betreuungsbedarf widmen. Sie können deren aktuellen Bedürfnisse nach Nahrung, Pflege und Zuwendung verläßlich erfüllen, ihnen Wartesituationen ersparen, mit ihnen spielen und ihnen ihre ungeteilte Aufmerksamkeit zukommen lassen.

So ganz unproblematisch wie bisher beschrieben ist aber das Zusammenleben in altersgemischten Gruppen nicht. Insbesondere die älteren Kinder wollen oft ungestört bleiben, sich untereinander austauschen. Ähnliches gilt für Kleinkinder, die sich wehren, wenn Kleinstkinder stören oder Geschaffenes kaputtmachen. So müssen die jüngeren Kinder lernen, daß die älteren nicht ständig Rücksicht auf sie nehmen und mit ihnen spielen wollen, sondern daß sie häufig ihre Ruhe haben möchten. Dies bedeutet auch, daß in weit altersgemischten Gruppen Rückzugsmöglichkeiten für die älteren Kinder geschaffen werden müssen.

Hinzu kommt, daß Schulkinder Gleichaltrige und Gleichgeschlechtliche als Freunde und Spielkameraden bevorzugen – die Auswahl in der altersgemischten Gruppe aber sehr klein ist. Für diese Problematik wurden verschiedene Lösungen gefunden: Befinden sich mehrere altersgemischte Gruppen in einer Einrichtung, so können sie sich füreinander öffnen und älteren Kindern mehr Kontaktmöglichkeiten bieten (vgl. Kapitel „Öffnung von Gruppen"). Auch kann sich die Kindertagesstätte nach außen hin öffnen und es den Schulkindern gestatten, Klassenkameraden mitzubringen. So hat beispielsweise eine siebengruppige Einrichtung einen „Schülerclub" geschaffen, in dem die älteren Kinder ungestört „Außenstehende" treffen können (Haberkorn 1994). Regeln, Aktivitäten, besondere Projekte usw. werden in einer „Schulkinderkonferenz" festgelegt. Schließlich kann man Schulkindern eine größere Selbständigkeit und Unabhängigkeit zugestehen und ihnen erlauben, sich mit Gleichaltrigen auch außerhalb der Kindertageseinrichtung zu treffen. Dies sollte aber nur in Absprache mit den Eltern ermöglicht werden.

Hier wird deutlich, daß ältere Kinder andere Rechte, besondere Privilegien und größere Freiräume benötigen als jüngere. Die Erzieherinnen müssen ihnen mehr Selbständigkeit, Eigenverantwortung und Mitbestimmung über die Gestaltung des Tagesablaufs in der Gruppe ermöglichen. Das führt natürlich immer wieder zu Auseinandersetzungen mit jüngeren Kindern darüber, wieso nicht für alle dieselben Regeln gelten. In vielen Einrichtungen mit weiter Altersmischung gibt es deshalb regelmäßig Gruppenbesprechungen bzw. Kinderkonferenzen. Hier erkennen Kinder schnell, daß aufgrund der unterschiedlichen Entwicklungsstufen verschiedene Alltagsregelungen sinnvoll sind. Gemeinsam werden dann die Regeln festgelegt, wobei natürlich immer die Zustimmung der Fachkräfte notwendig ist. Ferner werden in den Kinderkonferenzen Arbeitsteilung und Alltagsgestaltung diskutiert, Probleme und Konflikte besprochen, besondere Aktivitäten, Projekte und Ausflüge geplant.

Nachstehender Bericht von Susanne Treffer über die altersgemischte Gruppe im Sozialpädagogischen Zentrum St. Leonhard (Regensburg) soll nun das Gesagte illustrieren und ergänzen:

„Durch die lange Verweildauer der Kinder in der Gruppe von 6,5 bis zu 9 Stunden nimmt die altersgemischte Gruppe natürlich einen zentralen Platz im Tagesablauf der Kinder ein, und es entstehen intensive Beziehungen zu den Erzieherinnen.

Die Fachkräfte müssen auf eine sehr intensive Betreuungsarbeit eingestellt sein, da die erst drei Jahre alt gewordenen und die unterdreijährigen Kinder noch keine Kindergartenreife besitzen – bezogen auf die sprachliche Entwicklung, soziale Kompetenz und körperliche Entwicklung. Man darf nicht dem Irrtum erliegen, daß Altersmischung die absolut gleiche Beschäftigung von zwei- bis sechsjährigen Kindern bedeutet.

Der Tagesablauf selbst erfordert eine gut organisierte Struktur und muß auf die Entwicklungsphasen der Kinder abgestimmt sein. Daraus ergibt sich die Notwendigkeit, daß die Kinder trotz der gemeinsamen Erziehung auch nach ihrem Entwicklungsstand bei separat angebotenen und angeleiteten Beschäftigungen aufgeteilt werden. Nur so kann eine wertvolle und pädagogisch sinnvolle Arbeit gewährleistet werden.

Ab 7.00 Uhr morgens öffnen sich die Türen zur altersgemischten Gruppe. Die Kinder werden von der Erzieherin oder pädagogischen Mitarbeiterin begrüßt, die für diesen Tag dienstplantechnisch zum Frühdienst eingeteilt wurde. Die Kinder helfen sehr gerne bei der Vorbereitung für das Frühstück mit, das in der Gruppe gleitend angeboten wird. Schließlich sind gegen 9.00 Uhr, manchmal wird es bei einigen Familien auch später, alle Kinder eingetrudelt. Dann hat der Kleinste der Gruppe bereits seinen ersten Windelwechsel hinter sich.

Die Kinder nutzen sehr gerne so lange wie möglich alle Räumlichkeiten in ihrer Freispielzeit: Gruppenraum mit verschiedenen Funktionsbereichen wie Puppenecke, Autoecke, Lese-/Spielebereich, Tische, Toberaum, Krabbelzimmer usw. In dieser freien Situation macht sich die weite Altersstreuung besonders bemerkbar.

Der Kleinste der Gruppe setzt sein Recht durch, auf Entdeckungsreise zu gehen. Er beobachtet gerne und wird dann plötzlich selbst aktiv. Auch die Spielmaterialien, mit denen gerade die Größeren beschäftigt sind (Karten-, Brett- bzw. Legospiele oder Puzzles), sind für ihn attraktiv und von Bedeutung. Die älteren Kinder verhalten sich in solchen Momenten gegenüber den Kleinstkindern sehr hilfsbereit, zugewandt, kameradschaftlich und fürsorglich. Sie sind bereit, ihr Spiel zu unterbrechen, um gegebenenfalls den Kleinen zu helfen. Dann setzen sie das abgebrochene Spiel zu einem späteren Zeitpunkt fort.

Während eine Mitarbeiterin mit mehreren Kindern in einer konkreten Spielsituation beschäftigt ist (Memory), versucht eine andere Kollegin gerade, den Abschied zwischen einer Mutter und deren Kind zu vermitteln. Während der Freispielzeit treffen sich noch einmal alle Kinder am Eßtisch, um ein letztes Mal zu frühstücken.

Im sich anschließenden Gesprächskreis stellen wir unser Angebot vor und bilden entsprechend unserer beabsichtigten Beschäftigungen Kleingruppen. Je nach der pädagogischen Situation, z.b. einer Darbietung nach Kett, werden die Kinder natürlich gefragt, woran sie sich beteiligen möchten, und nutzen ihr Mitspracherecht. Die Kleinstkinder nehmen allerdings nicht regelmäßig an den Gesprächskreisen teil. Die Kinderpflegerin zieht sich dann mit den Ein- bis Zweijährigen in das Krabbelzimmer zurück.

Das Bedürfnis, einfach nur spielen zu wollen, ist sehr groß, so daß wir uns Flexibilität bewahren und einen späteren Zeitpunkt des Tages für die angeleitete Beschäftigung wählen, denn schließlich sind wir bis 18.00 Uhr beisammen.

Unser Toberaum, den wir erst im Nachhinein eingerichtet haben – gerade um dem Bedürfnis der Kinder nach mehr Bewegung nachzukommen –, regt zu vielen phantasievollen Rollenspielen an. Matratzen werden zu Häusern getürmt, Höhlen gebaut und andere gute Ideen in eine Aktivität umgesetzt. Auch wird eine Art Bewegungsbaustelle gestaltet.

Wir betreiben keine konventionelle Arbeit, bei der jede Mitarbeiterin nur für bestimmte Kinder zuständig ist. Schon wegen der langen Öffnungszeit würde eine zugeteilte Betreuungsarbeit nicht funktionieren. Wichtig ist, daß der Informationsaustausch der Mitarbeiterinnen untereinander funktioniert. Unsere Vorgehensweisen für den Tag haben wir wohl schon im Forum abgeklärt, aber es ist notwendig, sich noch einmal jeden Morgen kurz abzusprechen.

Es soll nicht der Eindruck erweckt werden, daß wir mit den Kindern in den Tag hineinleben und ihn vergehen lassen oder unsere Aktivitäten in Tür- und Angelgesprächen absprechen. Natürlich sind wir im Team auf eine gute Planung bedacht und gestalten Wochen- und zur besseren Übersicht für die Eltern auch Monatspläne, die ausgehängt werden. Attraktive Angebote, an denen sich die Kinder mit Freude beteiligen, sind Schwimmen, Töpfern, Jahresthemen wie ‚Sonne, Mond und Sterne‘, Geburtstagsfeste, Turnen im Gymnastiksaal u.a.

Nach dem gemeinsamen Mittagessen beginnt das Mittagsruheritual. Die Kinder gehen geschlossen in den Waschraum, um sich die Zähne zu putzen. Nach einem gemeinsamen Lied, Farben-Erraten oder einem ‚Geh in den Schlafraum‘-Spiel, kuscheln sich die Kinder auf ihre Matratzen.

Nach der Mittagsruhe ist für jedes Kind wieder Freispielzeit angesagt. Ein kleiner Imbiß wird angeboten. Findet sich eine größere Gruppe zusammen, überraschen wir die Kinder mit einem attraktiven Angebot. Sonst wird vorgelesen, gebastelt oder einfach gespielt.

Auch ist es mir ein Anliegen, den Tagesablauf der Kindergruppe nicht auf die eigenen Räumlichkeiten zu beschränken, sondern die Türen nach außen zu öffnen. Auf diese Weise sollen die Kinder lernen, sich mit ihrer Lebensumwelt auseinanderzusetzen. Durch ein breites Angebot verschiedener Außenaktivitäten, die auch in bezug zu der pädagogischen Projektarbeit stehen, können Kinder neue Erfahrungen sammeln, soziale Kontakte knüpfen und sich am Leben ihres unmittelbaren Umfeldes beteiligen.

Wichtig ist mir auch eine konstruktive Elternarbeit. Bei einer weit altersgemischten Gruppe kann man von den Eltern eine größere Bereitschaft zu einem offenen Umgang miteinander erwarten, weil die Kinder über einen ziemlich langen Zeitraum in der Gruppe verweilen. Dadurch vertieft sich nicht nur die Beziehung der Erzieherin zum Kind, sondern auch zu den Eltern."

Rahmenbedingungen

Wohl alle Befürworter und Praktiker einer weiten Altersmischung sind der Meinung, daß diese nur bei besseren Rahmenbedingungen als in Regeleinrichtungen möglich sei. So wird übereinstimmend vertreten, daß 15 Kinder pro Gruppe das Maximum seien – sowohl bei der „kleinen" als auch bei der „großen" Altersmischung. Hinsichtlich der Zusammensetzung der Gruppe ist zu beachten, daß alle Altersgruppen mit annähernd gleichen Zahlen und einem ausgewogenen Verhältnis zwischen Jungen und Mädchen vertreten sind.

Bei der „kleinen" Altersmischung ist besonders wichtig, daß nicht zuviele Säuglinge in der Gruppe sind, da dann für sie frustrierende Wartesituationen entstehen können. Auch wären die Fachkräfte durch Pflege- und Versorgungstätigkeiten so belastet, daß sie sich zu wenig der Betreuung und Erziehung älterer Kinder widmen würden.

Bei der „großen" Altersmischung sollte es – wie bereits erwähnt – mindestens zwei Gruppen in der Einrichtung geben und möglichst der Kontakt zu Klassenkameraden und Freunden erlaubt sein, die nicht in der Tagesstätte betreut werden. Nur auf diese Weise kann sichergestellt werden, daß insbesondere ältere Kinder genügend Möglichkeiten für altershomogene und gleichgeschlechtliche Freundschaften haben. Da zumindest nach einer wissenschaftlichen Untersuchung die Fluktuation bei Kindern in weit altersgemischten Gruppen relativ groß ist (siehe Ministerium für Kultur, Jugend, Familie und Frauen des Landes Rheinland-Pfalz 1994), sollten beim Ausscheiden von Kindern möglichst Gleichaltrige neu aufgenommen werden, um die Ausgewogenheit der Altersmischung weiter gewährleisten zu können.

Insbesondere bei der Betreuung mehrerer Säuglinge und Kleinstkinder bzw. bei Öffnungszeiten von mehr als acht Stunden wird ein Personalschlüssel von mindestens 2,5 Stellen pro Gruppe gefordert – in der Realität sind es häufig drei und vereinzelt sogar vier Stellen. Zur Begründung schreiben z.B. Merker und Schlüter-Kröll (1991, S. 344):

„Die personelle Besetzung muß für jedes Kind seinen aktuellen, individuellen Bedürfnissen entsprechend Zuwendung und Ansprache durch Erwachsene sichern, außerdem eine Differenzierung der pädagogischen Arbeit zulassen, die den unterschiedlichen Spielbedürfnissen und Interessen der Kinder entspricht."

Dies kann auch zu einer gewissen Arbeitsteilung zwischen den Fachkräften führen, wie sie beispielsweise Susanne Treffer für die altersgemischte Gruppe im Sozialpädagogischen Zentrum St. Leonhard (Regensburg) beschreibt:

Leiterin:	verantwortlich für Organisation, Planung, verwaltungstechnische Aufgaben, Kindergruppe der Drei- bis Vierjährigen, Töpfergruppe, Projektangebote, Leitung der gemeinsamen Gruppe am Praktikantentag, Mitdurchführung von Aktivitäten, Öffentlichkeitsarbeit
2. Erzieherin:	Kindergruppe der viereinhalb- bis sechsjährigen Kinder, verantwortlich für Planung und Organisation der Schwimmgruppe, Projektarbeit mit Vorschulkindern, Organisation und Durchführung von Außenaktivitäten wie Ausflüge oder Besuch des Münchner Planetariums
Kinderpflegerin:	Intensivbetreuung der Kleinstkinder unter drei Jahren, Planung, Organisation und Durchführung aller Geburtstagsfeiern in Verbindung mit der Leiterin und Eltern, Schwimmgruppe, Durchführung und Mitorganisation von Aktivitäten
Praktikantin:	Einteilung des Jahrespraktikums in drei Phasen: September – Januar: ein- bis zweijährige Kinder, Februar – April: zwei- bis vierjährige Kinder, Mai – Juli: vier- bis sechsjährige Kinder; ein Praktikantentag pro Woche als Angebotstag für die altersgemischte Gruppe
alle Mitarbeiterinnen:	Elternarbeit, Elterngespräche usw.

Deutlich wird, daß eine Arbeitsteilung nur ansatzweise möglich ist. Letztlich müssen alle Fachkräfte Kinder aus allen Altersgruppen bilden, erziehen und betreuen. Dies setzt umfassende entwicklungspsychologische, pädagogische, didaktische und methodische Kenntnisse und Fertigkeiten voraus. Die Fachkräfte sollten sehr flexibel sein, da sie immer wieder auf ganz verschiedene Bedürfnisse, Wünsche, Probleme und Verhaltensweisen reagieren sowie zwischen den unterschiedlich alten Kindern differenzieren müssen.

Da somit die pädagogische Arbeit sehr anspruchsvoll ist, besteht ein hoher Bedarf an Fortbildung und Fachberatung, aber auch an Abstimmung innerhalb des Teams. Letzteres ist jedoch im Vergleich zu Regeleinrichtungen nur unter erschwerten Bedingungen möglich: Einerseits ist bei langen Öffnungszeiten Schichtarbeit unvermeidbar (ein gestaffelter Dienstbeginn ist übrigens pädagogisch sinnvoller als Notgruppen). Andererseits entfällt aufgrund der unterschiedlichen Schlafbedürfnisse der Kinder die Mittagspause als Zeitraum für Teambesprechungen. Somit werden an die Dienstplangestaltung hohe Anforderungen gestellt – und natürlich an die Leiterin der Kindertagesstätte.

Je mehr Altersstufen in einer weit altersgemischten Gruppe vertreten sind, um so differenzierter müssen das Raumangebot, die Ausstattung und die vorhandenen Materialien sein. Zumeist wird ein Minimum von drei Räumen pro Gruppe für notwendig erachtet – ein Gruppenraum, ein Nebenraum und ein Säuglings-, Schlaf- oder Hausaufgabenraum. Das „Haus für Kinder und Eltern" in Kempten hat auch gute Erfahrungen damit gemacht, den Hausaufgabenraum gleichzeitig als Schlafraum für die Kleinkinder zu nutzen: Beide Altersgruppen verhalten sich ruhig und nehmen Rücksicht aufeinander; die Schulkinder stören einander nicht beim Erledigen der Hausaufgaben. Insbesondere Einrichtungen mit „großer" Altersmischung verfügen oftmals über mehr als drei Räume pro Gruppe. Hinzu kommen in der Regel Mehrzweckräume sowie vereinzelt Werkstätten, Ateliers, Eßzimmer, Turnhallen, Sand- und Matschräume, Lesezimmer und andere gemeinsam genutzte Räumlichkeiten. Beispielsweise verfügt die Kindertagesstätte Kiel-Friedrichsort über einen für alle Kinder zugänglichen „Großraum" mit Spielgeräten, einer Sitzecke und einer Bühne, in dem Kinder aus mehreren Gruppen dem Freispiel nachgehen können und auch größere Veranstaltungen möglich sind.

Ansonsten sollten möglichst alle Gruppenräume auch zum Spielen und für Beschäftigungen nutzbar sein. Schäfer (1993, S. 34) ergänzt: „Auch wenn es Räume gibt, die vorzugsweise von bestimmten Altersgruppen genutzt werden, müssen diese insgesamt Lebensraum aller Kinder zugleich sein. Allerdings kristallisiert sich mit zunehmendem Alter der Kinder die Notwendigkeit heraus, Tabuzonen zuzulassen und gegebenenfalls zu organisieren."

Insbesondere Schulkinder beanspruchen Ecken für sich und möchten diese auch nach ihren eigenen Vorstellungen ausgestalten. Hinsichtlich der Ausstattung der Innen- und Außenräume gilt, daß für alle Altersgruppen entsprechende Tische, Stühle, Spielgeräte, Materialien usw. vorhanden sein müssen. Hier wird deutlich, daß aufgrund des differenzierten Raum- und Ausstattungsbedarfs von weit altersgemischten Gruppen die Investitionskosten höher als in Regeleinrichtungen sind. Die Personalkosten liegen zumeist zwischen denen einer Kinderkrippe und eines Ganztagskindergartens.

Vor- und Nachteile der weiten Altersmischung

Schon an mehreren Stellen in diesem Kapitel ist angeklungen, daß die weite Altersmischung – in viel stärkerem Maße als andere Formen des offenen Kindergartens – nicht nur mit Vorteilen, sondern auch mit Nachteilen verbunden ist. Dies soll abschließend anhand einiger Beispiele erläutert werden. Positiv zu bewerten ist sicherlich, daß Kinder – und Geschwister – über Jahre hinweg dieselbe Kindertagesstätte besuchen können und ihnen damit Übergangskrisen und Beziehungsabbrüche erspart bleiben. Die „andere Seite der Medaille" wird von der Sozialpädagogischen Fortbildungsstätte Haus am Rupenhorn/Der Senator für Schulwesen, Jugend und Sport Berlin (1993, S. 45) angedeutet: „Kinder und Erzieher/-in müssen über Jahre miteinander auskommen; ohne die Hoffnung, sich – wenn sie sich in der Gruppe nicht wohlfühlen – nach einem Jahr trennen zu können. Außenseiter bzw. ‚auffällige' Kinder werden in ihrem Verhalten festgelegt."
Ein Kind, das von einer leistungsschwachen, einer einseitig (z.B. rein kognitiv) orientierten oder ihm gegenüber negativ eingestellten Erzieherin betreut wird oder dem bestimmte Rollen („Gruppenclown", „Assistentin" der Fachkraft usw.) zugeschrieben wurden, hat wenig Chancen, in einer anderen Kindertagesstätte bessere Erfahrungen zu machen. Außerdem gibt es auch in weit altersgemischten Gruppen als schmerzlich erlebte Beziehungsabbrüche, da es hier wie in Regeleinrichtungen einen großen Personalwechsel gibt, oder wenn ein Kind ausscheidet, das für viele Jahre als „große Schwester" oder „bester Freund" erfahren wurde.
Positiv zu bewerten ist sicherlich, daß ältere Kinder jüngeren als Vorbilder und Verhaltensmodelle dienen, ihnen vieles beibringen, ihre

Selbständigkeit fördern, sie emotional stützen sowie eventuell zu einer beschleunigten kognitiven und Sprachentwicklung beitragen. Offensichtlich ist aber auch, daß ältere Kinder jüngere negativ beeinflussen und immer wieder als Spielpartner (da „unfähig") zurückweisen können. Renate Thiersch (1995, S. 17) meint: „Größere Kinder können kleinere durch abwertende Kommentare durchaus entmutigen und kränken, wenn sie deren Bilder, Bauwerke oder Erzählungen mit bissigen Kommentaren belegen. Größere können Kleineren angst machen, weil sie einfach so viel größer sind", fortwährend ihre Stärke und Überlegenheit ausspielen oder bei Störungen durch sie aggressiv reagieren.

Ein Vorteil der weiten Altersmischung ist sicherlich das Vorherrschen selbstbestimmten Lernens und der Selbsttätigkeit. Auch ist der Leistungsdruck gering, da es im Vergleich zu Regeleinrichtungen weniger Wettbewerb mit Gleichaltrigen gibt. Allerdings erleben die Kinder aufgrund von Individualisierung und Differenzierung – zumindest nach vielen schwedischen Forschungsergebnissen (siehe z.B. Sundell 1994a, b) – weniger Bildungsangebote und direkte Förderung durch die Erzieherinnen. Ältere Kinder fühlen sich leicht unterfordert, da es für sie nur noch wenige Personen in der Gruppe gibt (zumeist Erwachsene), von denen sie lernen können. Auch besteht die Gefahr, daß die Kinder zu wenig auf die Schule, insbesondere auf die Konkurrenz mit einer großen Anzahl Gleichaltriger, vorbereitet werden.

Für die Fachkräfte ist die Arbeit aufgrund der weiten Altersspanne einerseits interessant und abwechslungsreich, andererseits schwer zu planen und vorzubereiten. Da die Gruppen meist klein sind, haben sie viel Zeit für die wenigen Säuglinge und Kleinstkinder bzw. können individueller auf die Lernprobleme der wenigen Schulkinder eingehen. Auch können sie viel mit Klein- und Projektgruppen arbeiten. Es besteht jedoch die Gefahr, daß sie sich auf eine bestimmte Altersgruppe konzentrieren (auf kleinere Kinder, da diese viel Pflege, Aufmerksamkeit und Zuwendung verlangen, oder auf ältere, da die Arbeit mit ihnen vielfältiger ist). Außerdem haben sie oft das Gefühl, ältere Kinder zu unterfordern und ältere zu überfordern sowie zuwenig mit der Gesamtgruppe zu arbeiten (auch weil sie dann oft durch die kleinen Kinder gestört werden). Da die wenigen Schulkinder verschiedene Klassen besuchen, müssen die Fachkräfte den Unterrichtsstoff mehrerer Jahrgangsstufen kennen und Kontakt zu relativ vielen Lehrer/-innen halten. Schließlich können sie den einzelnen Kindern nur recht wenig altersentsprechende Spielsachen zur Verfügung stellen, da für jede der vielen Altersgruppen geeignetes Material benötigt wird, Stauraum und finanzielle Mittel aber begrenzt sind.

Ein Vorteil der weiten Altersmischung ist sicherlich, daß eine langfristige Erziehungspartnerschaft mit den Eltern möglich ist. Kindertageseinrichtung und Familie öffnen sich im Verlauf der langen Zusammenarbeit immer mehr füreinander. Beide Seiten lernen einander sehr gut kennen und beeinflussen einander. Da jedes Jahr nur wenige Eltern dazukommen, können sie schnell integriert werden. Mögliche Nachteile können z.B. aus Distanzlosigkeit – wenn Eltern zu Freunden werden – oder aus der Konkurrenz mit ihnen resultieren, wenn sich eine Erzieherin aufgrund des langjährigen und intimen Kontaktes zu den Kindern als die „bessere Mutter" sieht. Auch muß sich die Fachkraft u.U. für bis zu zehn und mehr Jahre mit „problematischen" Eltern (z.B. Quertreibern) auseinandersetzen.

Für die Eltern ist von Vorteil, daß sie ihr Kind – und insbesondere Geschwister – für viele Jahre in derselben Einrichtung unterbringen können und nicht verschiedene Betreuungsarrangements suchen müssen. Auch erscheint ihnen ein Engagement in der Kindertagesstätte aufgrund der langen Zeitperspektive sinnvoller zu sein als bei Regeleinrichtungen. Ferner ist die Wahrscheinlichkeit größer, daß sich die Eltern aufgrund des langen Kontakts und der geringen Fluktuation gut kennenlernen, zu einem offenen Gesprächs- und Erfahrungsaustausch gelangen, gemeinsame (Freizeit-)Aktivitäten planen und einander bei Problemen unterstützen (Familienselbsthilfe). Nachteilig kann sich jedoch auswirken, wenn Mütter (in geringerem Maße auch Väter) die Erzieherinnen aufgrund ihrer intensiven Beziehung zu den Kindern als Konkurrentinnen erleben. Auch haben viele Eltern, die sehr kleine oder Schulkinder fremdbetreuen lassen, keine bzw. kaum Zeit für Aktivitäten im Rahmen der Elternarbeit. Da zumeist nur Ganztagsplätze vergeben werden, müssen sie schließlich ihr Kind wieder abmelden, wenn der Betreuungsbedarf geringer geworden ist.

Abschließend ist festzuhalten, daß Erzieherinnen vor der Einführung der „kleinen" oder der „großen" Altersmischung deren Vor- und Nachteile genau abwägen sollten. Nur wenn sie sich über die mit dieser Form der Öffnung verbundenen möglichen Probleme im klaren sind, können sie von Anfang an – konzeptionell und praktisch – daran arbeiten, sie zu vermeiden.

4. Öffnung zur Familie hin

Ingeborg Becker-Textor

Der Kindergarten definiert sich als familienergänzende und -unterstützende Einrichtung zur Bildung, Erziehung und Betreuung von Kindern. Wie die Ergänzung und Unterstützung der Familie allerdings aussehen bzw. sich gestalten soll, wird in den aktuellen Kindergartengesetzen oder Ausführungsbestimmungen nirgends näher ausgeführt. Auch Themen wie „Der Übergang von der Familie zum Kindergarten" werden – in Relation zu anderen Themen – wenig behandelt. Wie ist es dann erst mit der Öffnung des Kindergartens zur Familie hin?

Im Fachlexikon der Sozialen Arbeit des Deutschen Vereins für öffentliche und private Fürsorge finden wir zumindest die Stichworte familienunterstützende und -ergänzende Hilfen: „Unter familienunterstützenden und -ergänzenden Hilfen werden alle diejenigen Hilfen verstanden, die darauf abzielen, sowohl sozio-ökonomische Notlagen von Familien als auch Konflikten und Störungen im erzieherischen Bereich vorzubeugen bzw. diese zu beseitigen ... Bedürfnisorientierung heißt hier, unter Berücksichtigung der Gesamtsituation der Familie und ausgehend von deren Alltagserfahrungen zielgerichtete, sich gegenseitig stützende und verstärkende Hilfen einzuleiten... Die Angebote beschränken sich noch zu sehr auf die jeweilige Familie, ohne das soziale Umfeld einzubeziehen. Da dies aber eine wesentliche Prämisse für eine bedürfnis- und zielgruppenorientierte Arbeit ist, müssen Hilfen für die Familien in die Stadtteil- und Gemeinwesenarbeit einfließen. Im einzelnen werden unter familienunterstützenden und -ergänzenden Hilfen ... (auch) Kindergartenerziehung ... verstanden." (Faltermeier/Gross 1980, S. 277 f.) Folgt man den Aussagen dieser Definition, dann können familienunterstützende und -ergänzende Hilfen des Kindergartens nur sichergestellt werden, wenn er sich zur Familie hin öffnet und in einen Dialog mit Müttern und Vätern eintritt. Die Erzieherin muß aber dazu bereit sein: Für jeden Menschen beginnt Öffnung bei sich selbst. Sie setzt Sicherheit und innere Freiheit voraus. Ängste müssen akzeptiert, aber gleichzeitig auch bearbeitet werden.

Die Bandbreite von Ergänzung und Unterstützung

Beide Begriffe können – bezogen auf das einzelne Kind oder die einzelne Mutter bzw. den einzelnen Vater – eine ganz unterschiedliche Bedeutung haben. Die Forderungen und Erwartungen an die Inhalte sind ganz verschiedenartig: So gibt es Kinder, die in einer emotional recht kühlen Umwelt aufwachsen. Sie brauchen emotionale Zuwendung und suchen im Kindergarten verstärkt danach. Andere Kinder wachsen in einer Umwelt auf, die ihnen wenig Möglichkeiten zur kognitiven Entwicklung und nur wenig Förderung zuteil werden läßt. Sie brauchen im Kindergarten vielfältige Anregungen und kompensierende Angebote. Häufig werden Kinder in der Familie aber auch intellektuell überfordert und wie kleine Erwachsene behandelt. Sie werden in ihrer Entfaltung stark eingeengt. So brauchen sie im Kindergarten in erster Linie Freiräume und Ermunterung, eigene Aktivitäten zu entwickeln. Dann können sie sich vom Erwartungsdruck der Erwachsenen befreien.

Die Herkunftsfamilien der Kinder sind sehr verschieden – charakterisiert durch ganz spezifische Lebenssituationen, aus denen sich vielfältige Bedürfnisse gegenüber dem Kindergarten ergeben. So erwarten Eltern eine umfassende Betreuung während ihrer Berufstätigkeit, lange Öffnungszeiten, konstante Bezugspersonen (die ihre Kinder im familiären Umfeld vielleicht nicht haben) u.a. Manche hoffen auf einen leichteren Ablösungsprozeß, wenn ihr Kind gar zu sehr auf die Mutter fixiert ist und bisher kaum Eigenständigkeit entwickelt hat. Wieder andere Formen der Ergänzung und Unterstützung erwarten alleinerziehende Mütter und Väter. Für sie ist der Dialog mit der Erzieherin oft die einzige Möglichkeit, sich über Erziehungsfragen auszutauschen.

Hier wird deutlich, daß sich der familienergänzende und -unterstützende Auftrag des Kindergartens nicht abschließend definieren läßt, sondern für jede Einrichtung neu diskutiert werden muß. In jedem Kindergartenjahr müssen die Lebenssituationen, Bedürfnisse und Erwartungen der Familien analysiert werden. Dies ist eine sehr komplexe Aufgabe der Elternarbeit. Die Öffnung des Kindergartens zur Familie hin ist also keine augenblickliche Modeerscheinung, sondern eine dauernde Notwendigkeit.

Der Auftrag der Familienorientierung oder: Öffnung des Kindergartens zur Familie hin hat Geschichte

Bei der Forderung nach Öffnung des Kindergartens zur Familie hin handelt es sich nicht um neue pädagogische Zielvorstellungen. Egal bei welchen Pädagogen wir nachschlagen, finden wir seit Jahrzehnten, ja sogar Jahrhunderten, die gleiche Forderung bzw. den Auftrag zur Eltern- und Familienarbeit. So hieß bereits Fröbels Motto: „Die Kindergärten sind das sicherste Mittel, der richtigste Weg zur allgemeinen Erhebung und Veredelung echten Familienlebens in allen Ständen und Verhältnissen." (nach Morgenstern 1871, S. 28)

In dieser Aussage zeigt sich auch bereits der Gedanke einer umfassenden Integration von Kindern aus den unterschiedlichsten Lebenswelten und sozialen Verhältnissen.

Lina Morgenstern beschrieb 1871 das Verhältnis des Kindergartens zur Familie folgendermaßen: „Das Elternhaus, das aus verschiedenen Elementen zusammengesetzt ist und in dessen Verhältnisse sich das Kind fügen muß, vermag unmöglich demselben eine ungetheilte Aufmerksamkeit zu schenken, noch alle nachtheiligen Einflüsse von ihm fern zu halten. Die Mutter, so gern sie sich jedem ihrer Kinder widmet, hat noch andere Pflichten gegen den Gatten, das Hauswesen, die Gesellschaft im besseren Sinne zu erfüllen, um jede Tagesstunde mit dem Kinde sich beschäftigen zu können, und so muß sie es einen Theil des Tages in der Umgebung und Gesellschaft meist ungebildeter Dienstleute lassen... Um nun jeder Familie möglich zu machen, das Kind auch in den Stunden, in welchen es sich selbst oder unangemessener Umgebung überlassen bliebe, seinem Wesen und seinen Forderungen nach zu beschäftigen, schuf Friedrich Fröbel die Kindergärten... Der Kindergarten ergänzt das Familienleben durch seine gemeinsamen Spiele und Beschäftigungen und bereitet die Kinder durch harmonische Entwicklung all ihrer Anlagen auf die spätere Schule und das Leben vor. Er muß jedoch in seinem Streben von der elterlichen Erziehung unterstützt und gefördert werden und macht dieselbe in keiner Weise überflüssig... hier mag jede Mutter beobachten, was ihrem Kinde Noth thut, hier wird ihnen (den Müttern) der Segen wohlorganisierter Spielbeschäftigungen klar. Und kehrt das Kind aus dem Kindergarten in das Haus zurück, so weiß es sich selbst zu beschäftigen und sinnig zu spielen, ohne daß es der Ermunterung der Erwachsenen bedarf, ja es wird, wenn ihm im Hause die so einfachen Spielmittel, als

Baukästen, Stäbchen, Papier, Nadel und Schere, Ball etc. gereicht werden, die Erwachsenen anregen, sich in gleicher Weise zu beschäftigen, und gern auf die Spiele und das Treiben der Kinder einzugehen." (S. 28 ff.)

Auch wenn diese Ausführungen Lina Morgensterns zu den Grundgedanken Fröbels weit über hundert Jahre alt sind, so haben sie nichts an Bedeutung und Aussagekraft verloren. Für den Kindergarten ist es unverzichtbar, Einblick in die Familienerziehung zu haben, wie umgekehrt die Familie in die Kindergartenerziehung. Jede Mutter kann in der Tageseinrichtung beobachten, was ihrem Kinde Not tut und wie es gefördert werden kann, meint Morgenstern. Wollen Mütter und Väter die Arbeit des Kindergartens verstehen, so müssen sie Einblick nehmen in den Kindergartenalltag. Nicht das Produkt, das ihr Kind vielleicht am Ende eines Tages mit nach Hause bringt, vermittelt ihnen die gewünschte Information, sondern das prozeßhafte (Mit-)Erleben, wie sich ihr Kind in der Gruppe der Gleichaltrigen verhält, wie die Erzieherin die Kinder behandelt und auf sie eingeht. Öffnung zur Familie hin ist also gleichbedeutend mit offener Elternarbeit. Was heute von vielen Erzieherinnen kritisch gesehen wird oder Angst vor einer Einmischung von Eltern hervorruft, ist eine alte Forderung. Beispielsweise schrieb Alois Fellner in seinem Buch „Der Kindergarten" von 1901: „Der Kindergarten unterstützt die häusliche Erziehung der Kinder, wenn er diese zur Grundlage seiner Wirksamkeit nimmt. Die Kindergärtnerin soll die Verhältnisse des Elternhauses, insoweit sie auf die Erziehung des Kindes Einfluß haben, die Erziehungsarbeit der Mutter und die körperlichen sowie die geistigen Fähigkeiten des Kindes kennen, um ihrerseits mit den erziehlichen Maßnahmen des Hauses gleichen Schritt halten zu können. Die Mutter hingegen soll die Erziehungsweise des Kindergartens kennen und in steter Fühlung mit der Kindergärtnerin bleiben. Wenn auch solch ein ideales Verhältnis selten zu finden ist, und deshalb die Forderung, der Kindergarten habe die häusliche Erziehung der Kinder zu unterstützen, im vollem Maße schwer durchführbar ist, so muß doch unbedingt gefordert werden: die Kindergärtnerin hat auf die Richtung der Familienerziehung in bezug auf die allgemeine körperliche Erziehung, die Sprache... und die Bildung des religiösen Gefühles strenge zu achten. Die Hauptaufgabe des Kindergartens ist in der Ergänzung der häuslichen Erziehung zu suchen; diese Aufgabe erfüllt er, wenn er jenen erziehlichen Einfluß ausübt, den das Elternhaus aus irgend einem

Grunde nicht ausübt oder ausüben kann... Der Kindergarten ist auch berufen, befruchtend auf die Familienerziehung zurückzuwirken." (S. 84 f.)

Ähnliche Vorstellungen hinsichtlich einer Familienorientierung des Kindergartens finden sich auch vom „Strukturplan für das Bildungswesen", den Empfehlungen des Deutschen Bildungsrates aus dem Jahr 1970, bis hin zur neuen Literatur zum Thema Elternarbeit: „Die allgemeinste Voraussetzung für die Erfüllung familienergänzender Funktionen ist die Kenntnis der Lebensbedingungen und Charakteristika heutiger Familien." (Textor 1992, S. 45)

Hier ist der Kindergarten zu einer Analyse aufgefordert, deren Ergebnisse dann in seine pädagogische Konzeption und in seine Elternarbeit einfließen müssen. „Während sich die familienergänzenden Aufgaben von Kindertagesstätten vor allem auf die Kinder beziehen, geht es bei den familienunterstützenden Funktionen um die Eltern bzw. Familien. Hierunter fallen zum einen Angebote und Maßnahmen, die allen Familien offenstehen und zu deren Entlastung und Unterstützung beitragen sollen. Zum anderen handelt es sich um Maßnahmen, die sich an einzelne Familien mit besonderen Belastungen richten, insbesondere an Familien mit verhaltensauffälligen Kindern." (Textor 1992, S. 50)

Der Kindergarten öffnet sich zur Familie hin – praktische Umsetzung

Bei der Öffnung des Kindergartens zur Familie hin sind im Erziehungsalltag so manche Hürden zu nehmen. Einmal heißt es für viele Erzieherinnen und Träger umzudenken. Auch der Kindergarten ist ein Dienstleistungsunternehmen und muß sich an seinen „Kunden" orientieren. Seine „Kunden" sind die Familien, also Kinder und Mütter bzw. Väter. So ist es notwendig, daß bei der Organisation und bei der pädagogischen Ausgestaltung des Kindergartenalltags den Bedürfnissen von Kindern und Eltern Rechnung getragen wird – allerdings immer mit dem Wohl des Kindes im Blick. So ist der Kindergarten nicht nur Bildungsort, sondern auch erzieherischer Lebensraum für Kinder, in dem diese eine ganzheitliche Bildung, Erziehung und Betreuung erfahren. Das Argument einer Erzieherin, „Frau M. bringt ihr Kind selbst bei schönstem Wetter am Mittwoch und Freitag den ganzen Tag.

Sie ist nicht berufstätig. Die Zeit braucht sie für Friseur, Kosmetikerin und Tennisspielen", darf und kann so nicht stehen bleiben. Wenn ein Kind nur dann den Kindergarten besuchen darf, wenn die Mutter und der Vater berufstätig sind, dann würde die Betreuung im Vordergrund stehen. Wir gehen jedoch von ganzheitlichen, kindorientierten Konzepten aus, und so muß sich der Alltag im Kindergarten an der Lebenssituation von Kindern und auch deren Verweildauer im Kindergarten ausrichten. Warum soll ein Einzelkind nicht ganztägig in den Kindergarten? Soll es ohne Spielkameraden in der engen Wohnung sein? Darf ein Kind nicht von sich aus den Wunsch haben, den Kindergarten auch am Nachmittag zu besuchen?

Zwei Familiensituationen zur Illustration:

Beide Eltern sind Lehrer; die Mutter ist beurlaubt. Die siebenjährige Katharina geht in die 2. Klasse, die vierjährige Paula besucht den Kindergarten. Sie liebt ihren Kindergarten, ihren Lebensraum außerhalb der Familie. An drei bis vier Nachmittagen in der Woche will sie unbedingt in den Kindergarten. Dafür hat sie viele Gründe: „Also, meine Erzieherin braucht mich. Ich zeig' den Kleinen, wie man spielt. Und dann kann ich im Garten helfen, das geht früh nicht. Dann helf' ich noch meiner Erzieherin beim Vorbereiten, die sagt, ich hätte so gute Ideen. Wenn ich mal krank bin, das ist schlimm."

Ein anderer Fall: Claudia und Ilse kommen aus einer sehr schwierigen Familie. Die Zwillinge sind dreieinhalb Jahre alt, ihre Mutter 19 Jahre, der Vater 23 Jahre. Beide Eltern sind mit den Kindern völlig überfordert. So besuchen die Zwillinge den Kindergarten ganztags. An zwei bis drei Nachmittagen in der Woche kommt die Mutter mit in den Kindergarten und erfährt, wie Kinder spielen, wie man sich mit ihnen beschäftigen kann. Sie wendet sich mit vielen Erziehungsfragen an die Erzieherin und ist dankbar, daß sie auch im Kindergarten lernen darf.

Häufig wehren sich Erzieherinnen gegen die Öffnung zur Familie hin bzw. gegen eine Einbeziehung von Müttern und Vätern. Manche meinen, daß vier Stunden genug seien für ein Kind – das Kind brauche seine Familie und die Familie das Kind. Ein Vier-Stunden-Kindergarten reicht aber in vielen Fällen nicht aus; auf Ganztagskindergärten kann nicht verzichtet werden. Diese müssen aber pädagogisch anders arbeiten, so daß die Kinder nicht überfordert werden. Jede Erzieherin sollte sich mit den Familiensituationen ihrer Kinder auseinandersetzen, deren familiäres Umfeld analysieren und daraus Konsequenzen für das Kindergartenkonzept ziehen.

Wie sich der Alltag im Kindergarten gestaltet, ist abhängig von vielen Faktoren (die folgende Aufzählung wertet nicht und ist nicht abschließend), von:

– der Lebenssituation der Kinder,
– dem sozialen Umfeld,
– der Wohnsituation,
– der Geschwisterkonstellation,
– den erzieherischen Bedürfnissen und Notwendigkeiten,
– dem Entwicklungsstand der Kinder,
– der Erziehungskompetenz der Mütter bzw. Väter,
– den Fähigkeiten und Fertigkeiten der Kinder,
– der sozial-emotionalen Situation der Kinder etc.

Die Öffnung des Kindergartens zur Familie hin bringt nicht nur Vorteile für die Familie, sondern ebenso für die Erzieherinnen. Die Kindergartenleiterin Gudrun Barwig berichtet:

„Alexander kam vor einem Jahr, mit dreieinhalb Jahren, zum ersten Mal zu uns in den Kindergarten. Er ist Amerikaner und sprach zunächst kein Wort Deutsch. Seine Mutter beherrschte unsere Sprache ein wenig, nur sein Vater konnte sich recht gut verständlich machen. Alexander lebte bisher bei seinen Eltern wohlbehütet als Einzelkind. Lange bevor Alexander endgültig in unserem Kindergarten aufgenommen wurde, besuchte er uns, einmal mit beiden Eltern und dann nur mit seiner Mutter. Es gab während dieser Besuche viel zu entdecken: Die Schubladen wurden aufgezogen, mit den Bauklötzchen wurde gespielt, die Toiletten mußten aufgesucht werden.
Einmal hatte er auch eine Brotzeit dabei, so daß er mit den anderen Kindern am Tisch sitzen und Brotzeit machen konnte. Bei all diesen Aktivitäten mußte die Mutter ganz in seiner Nähe sein; der Körperkontakt zu ihr war für Alexander wichtig. Sein erster offizieller Kindergartentag rückte immer näher, und seine Mutter wurde immer aufgeregter. Viele, viele Fragen hatte ich bis dahin beantwortet und auch immer wieder versucht, die Ängste der Mutter abzubauen. Manchmal hatte ich den Eindruck, ich sei auf dem richtigen Weg, und dann wieder hatte ich das Gefühl, alles falsch gemacht zu haben.
Ja, und dann war es soweit. Ich selbst war an diesem Tag etwas aufgeregt: Wird alles gut gehen, bin ich genügend darauf vorbereitet, wie reagiert Alexander, wie seine Mutter? Der Weg bis zur Garderobe war beiden ja bereits vertraut, ebenfalls die meisten Räume, auch viele Kinder und die Erzieherinnen. Aber plötzlich war alles vergessen. Alexander weigerte sich, sich auszuziehen, und fing fürchterlich an zu weinen – alles Zureden von seiten der Mutter half nichts. Ich selber hatte mit einer solch heftigen Re-

aktion nicht gerechnet. Zusammen mit der Mutter suchten wir einen Weg: Sie war bereit, mit Alexander im Kindergarten zu bleiben – zunächst einmal vielleicht für eine Stunde. Später, je nach Eingewöhnung von Alexander, wollten wir die nächsten Schritte überlegen.

An den folgenden Tagen wich Alexander nicht von der Seite seiner Mutter. Diese reagierte zum Teil hilflos, verzweifelt und aggressiv dem Kind und auch mir gegenüber. Ich fing daher an, die Mutter in unsere pädagogische Arbeit einzubeziehen und sie dadurch abzulenken. Sie kochte Tee für die Kinder in der Küche, deckte den Frühstückstisch, sie war beim Aus- bzw. Anziehen der Kinder behilflich, und schließlich fing sie auch an, mit den Kindern zu spielen. Einige bemerkten rasch, daß sie mit Alexander in einer anderen Sprache sprach. Da wurden die Kinder neugierig und wollten von der Mutter wissen, woher sie und Alexander kämen. So gut es eben mit der gegenseitigen Verständigung klappte, erzählte die Mutter von Los Angeles – von der großen Stadt, wo beide geboren worden waren. Am nächsten Tag brachte sie Bilder von ihrer Heimatstadt mit. Die Kinder betrachteten sie begeistert und suchten schließlich Los Angeles auf einem großen Globus. Es entstand eine lebhafte Unterhaltung. So ging es circa drei bis vier Wochen lang. Mutter und Sohn standen im Mittelpunkt.

Behutsam überlegten wir den nächsten Schritt. Alexander sollte sich allmählich daran gewöhnen, alleine im Kindergarten zu bleiben. Bei den vielen Gesprächen, die ich mit der Mutter führte, hörte ich immer wieder ihre Angst heraus – Angst vor dem Alleinsein, Angst, das Kind zu verlieren, war sie doch dreieinhalb Jahre tagsüber immer mit Alexander zu Hause zusammen gewesen. Es wurde mir plötzlich klar, daß auch durch die Anwesenheit der Mutter im Kindergarten diese tief sitzende Angst nicht ganz abgebaut werden konnte. Aus diesem Bewußtsein heraus fing ich an, einen kleinen Elterngesprächskreis zu bilden – ich wollte der Mutter die Möglichkeit bieten, mit anderen Eltern über ihre Situation zu diskutieren. Durch diese Gespräche gewann die Mutter an Sicherheit, und außerdem entstand ein enger Kontakt zu anderen Eltern.

Alexander selbst hatte immer noch nicht ganz das Vertrauen zu uns gewonnen; er hielt sich häufig im Flur auf und beobachtete uns aus der Ferne. Wenn die Mutter ihn in der Früh brachte und gleich darauf ging, gab es immer wieder Tränen. Lange Zeit noch hatte Alexander seinen Lieblingsplatz gleich hinter der Eingangstür. Er saß auf einem Stühlchen; Schuhe, Jacke und Brotzeittasche hatte er ganz nahe bei sich, nichts durfte man wegnehmen. Da unser Haus einen großen Spielflur hat, war Alexander allerdings nie alleine, und man konnte an seinem Gesichtsausdruck erkennen, wie er das Spiel der einzelnen Kinder verfolgte. Hatten diese z.B. beim Eisenbahnspielen einen Bahnhof direkt an seinem Stuhl gebaut und waren Alexanders Füße im Wege, wenn der Zug vorbeifuhr – kein Problem: Alexander lachte ein bißchen, hob die Füße, und weiter ging die Fahrt. Andere Kinder wieder schauten Bücher an, Alexander blickte ihnen über die Schulter, und wenn er dann etwas Bekanntes entdeckte, so versuchte er, dies den Kindern verständlich zu machen. Eltern, die am Morgen ihre Kinder zu uns brachten, wurden von Alexander freundlich begrüßt, und er hielt ihnen sogar die Türe auf.

Alexander war nun bei allen Kindern und Eltern bekannt. Und eines Tages saß er wie selbstverständlich bei uns im Kreis. Schuhe und Jacke waren in der Garderobe: Er hatte es geschafft. Heute kommt Alexander wie ganz selbstverständlich in den Kindergarten. Er hat viele Freunde gefunden, mit denen er gerne spielt und mit denen er auch manchmal heftig streitet.

Die Geschichte von Alexander ist ein typisches Beispiel für eine Situation, die sich immer wieder im Kindergarten ereignet. Alexanders Mutter mußte zuallererst lernen, ihr Kind loszulassen – sie mußte lernen, daß sie ihr Kind dem Kindergarten anvertrauen kann. Dies gelang uns, indem wir sie erleben ließen, was mit ihrem Kind im Kindergarten passiert, in welch neues Umfeld ihr bisher daheim wohlbehütetes Kind nun eintrat. Außerdem erfuhr Alexanders Mutter durch Gespräche mit anderen Eltern, daß sie mit ihren Ängsten durchaus nicht allein war. Durch ihre eigene Erfahrung sensibilisiert, ist sie heute in der Lage, anderen Eltern, die ähnliche Situationen durchmachen, wirksame Hilfe zu leisten."

In diesem Beispiel wird die Trennungsangst von Müttern angesprochen, eine häufig unterschätzte Gefühlslage. Der Kindergarten hat auf die Situation reagiert, indem er die Mutter einbezogen und dadurch ganz wesentlich dazu beigetragen hat, daß sie ihre Trennungsangst überwinden konnte – mit der Folge, daß sich auch das Kind gut eingelebt hat. Im Elterngesprächskreis hat die Mutter erfahren, daß es anderen genauso ergangen ist und wie sie dies überwunden haben. Der Kindergarten hat eine Plattform für die Begegnung zwischen Eltern zur Verfügung gestellt und den prozeßhaften Dialog angestoßen.

Erziehungspartnerschaft

Die Öffnung zur Familie hin ist eine grundlegende Voraussetzung für das Gelingen von Erziehungspartnerschaft. In dem Begriff der Partnerschaft steckt eine Art Gleichstellung. Eltern erziehen nicht besser oder verstehen mehr von Erziehung – noch die pädagogischen Mitarbeiterinnen. Vielmehr werden im partnerschaftlichen Dialog zwischen beiden Seiten Wissen und Erfahrungen ausgetauscht, wird die Erziehung der Kinder als gemeinsame Aufgabe verstanden. So ist es jedenfalls wünschenswert. Für beide, Eltern wie Erzieherinnen, ist es jedoch oftmals ein langer Weg, bis diese Partnerschaft gelingt. Offenheit, Vertrauen und Verständnis sind dabei ebenso gefragt wie konstruktive Kritik, gegenseitige Unterstützung und abgestimmtes Handeln.

Erziehungspartnerschaft bedeutet eine erzieherische Zweierbeziehung zur Sicherung des Wohls des Kindes. Das Kind gehört mitten in die Partnerschaft zwischen Kindergarten und Familie. Erziehungsmethoden und -stile bedürfen einer gegenseitigen Reflexion und der Abstimmung. Kinder merken sehr schnell, wenn die Beziehung zwischen Mutter bzw. Vater und Erzieherin angespannt ist oder keine positive Kommunikation zustande kommt. Claudius, sechs Jahre, sagte: „Pah, die im Kindergarten, die können sagen, was sie wollen. Meine Mama sagt, wir bezahlen, und dafür müssen die für uns arbeiten." Ein scheinbar überspitztes Beispiel, das jedoch deutlich macht, daß es zu keinem „Ausspielen" des Kindergartens gegenüber der häuslichen Erziehung kommen darf.

Die Erzieherin bekommt im Rahmen einer Erziehungspartnerschaft eine ganz andere Rolle. Sie ist nicht mehr diejenige, die als professionelle Erzieherin weiß, wie alles richtig ist. Vielmehr braucht sie zur Erfüllung ihrer Aufgabe die Unterstützung der Eltern. So sind in einem guten Kindergarten die Eltern nicht draußen vor, sondern mitten im Geschehen.

Eltern wollen ihre Kinder nicht einfach nur abgeben. Sie erkundigen sich nach dem Konzept des Kindergartens ebenso wie nach ihren Mitwirkungsmöglichkeiten und Rechten. Das zwingt die pädagogischen Mitarbeiterinnen, ihre Arbeit offener und transparent zu machen. Ebenso müssen sie bereit sein, ihre Arbeit hinterfragen zu lassen und gegebenenfalls berechtigte Kritik anzunehmen.

Wenn eine Erziehungspartnerschaft entstanden ist, dürfen die Beteiligten aber nicht stehen bleiben. Die Beziehung will gepflegt, weiterentwickelt und immer wieder reflektiert werden. Mit dem Fortschreiten im Kindergartenjahr wird es zu Veränderungen kommen: Mittlerweile kennen sich alle besser untereinander, die Fragestellungen bekommen andere Inhalte, und vielleicht wächst auch der Wunsch der Eltern nach mehr Mitwirkung und Mitsprache.

Derzeit wird den Eltern in den Kindergartengesetzen der Länder meist nur eine beratende Funktion zugebilligt. Diese wird oftmals sogar noch eingeschränkt, z.B. bei der Einstellung von neuen Mitarbeiterinnen im Kindergarten, bei der Haushaltsaufstellung oder bei der Konzeptentwicklung. Immer häufiger fordern Eltern, daß ihre Rechte auch in den Kindergartengesetzen verankert werden. Gleiches gilt für den Elternbeirat. Nicht selten werden ihm nur quasi organisatorische Aufgaben übertragen, wie die Mitwirkung beim Sommerfest, die Organisation des Familienwandertages o.ä.

Elternmitwirkung im Kindergarten und bei der Bewältigung von Alltagsfragen ist oft nicht gewünscht und löst bei vielen Erzieherinnen eher Angst als Freude aus. Hier können Fachberatung und Fortbildung aktiv werden. Auch die Ausbildung muß ihren Beitrag leisten; leider kommt hier dem ganzen Komplex der Elternarbeit noch lange nicht die notwendige Bedeutung zu.

Neue Konzepte der Elternarbeit

Der traditionelle Elternabend ist längst „tot". Der Kindergarten im ausgehenden 20. Jahrhundert geht neue Wege. Es gibt keine Form der Elternarbeit, die Anspruch auf Ausschließlichkeit hat. Viele Eltern lassen sich nicht mehr zu einem Elternabend locken, bei dem über ihr mögliches Fehlverhalten etwa im Bereich der Medienerziehung gesprochen und über das Montagssyndrom diskutiert wird (Kinder seien durch das viele Fernsehen am Wochenende besonders aggressiv). Belehrungen für Eltern sind nicht mehr zeitgemäß.

Der wichtigste Inhalt oder die bedeutendste Methode der Elternarbeit sind wohl die Prozeßbeobachtung, der Austausch über das Gesehene und Erlebte, die Reflexion und die Suche nach Konsequenzen für den Erziehungsalltag. So kann die Erzieherin über den Tagesablauf berichten. Richtig durchschaubar und verständlich wird er aber für Eltern erst dann, wenn sie ihn mit ihrem Kind im Kindergarten konkret erlebt haben und so praktische Erfahrungen sammeln konnten. Plötzlich bekommt vieles ein anderes Gesicht: Beispielsweise erwarten manche Eltern perfekte Produkte. Sie wollen, daß das Kind durch eine Bastelarbeit oder ein Bild nachweisen kann, daß im Kindergarten „gearbeitet" wurde. Erzieherinnen fühlen sich unter dem Erwartungsdruck der Eltern nicht selten veranlaßt, an der Bastelarbeit ganz wesentlich mitzuarbeiten, und verfälschen diese dadurch. Gemeinsame Bastelnachmittage für Kinder und Eltern können da für manche Mutter ganz heilsam sein. Sie erlebt dann nämlich, was ihr Kind wirklich alleine kann. Oft ist sie versucht, mit Hand anzulegen. Für so manche Mutter ist es ein regelrechtes Erwachen, wenn sie erlebt, daß ihr vierjähriges Kind nicht die komplizierten Muster auf die ausgeblasenen Eier bannen kann oder in der Lage ist, eine Martinslaterne selbständig herzustellen. Die Mutter bzw. der Vater bekommt dadurch auch Impulse für die häusliche Beschäftigung und den Grad der Schwierigkeit dessen, was sie/er ihrem Kind zumuten darf und kann. Je selbständiger ein Kind eine Aktivität ausführen kann und je unabhängiger es dabei von Erwachsenen ist, desto konzentrierter und ausdauernder wird es bei der Sache bleiben.

Dieses Beispiel zeigt, wie unverzichtbar das Erleben für Mütter und Väter ist. Solche Erfahrungen müssen im Elterngespräch unbedingt angesprochen und aufgearbeitet werden. Übrigens stoßen Eltern oft auch an ihre Grenzen, wenn sie selbst mitbasteln. Beim Kind haben sie vielleicht von „Schmierage" gesprochen und davon, daß alles voller Klebstoff sei. Und bei ihrem eigenen Produkt? Tja, es klappt in der Theorie eben vieles besser als in der Praxis.

Viele Formen der Eltern(mit)arbeit haben nebeneinander ihre Berechtigung: die Hospitation, der Elternabend, das Einzelgespräch, das Gruppengespräch, der Familientag oder die Familienwanderung, der gemeinsame Bastelnachmittag, die Gartenaktion, die Theatergruppe, die Fachbuch- oder Kinderbuchausleihe, der Besuch am Arbeitsplatz der Mutter/des Vaters, der Elternbrief, die Elterninfotafel, das Elterncafé, der Kochkurs, die Kindergartenrenovierungsaktion, der gemeinsame Besuch einer Ausstellung oder einer Theateraufführung, die Weihnachtsfeier, das Kartoffelfest usw. Niemals kann die Aufzählung von Formen der Elternarbeit abgeschlossen oder ein Konzept der Elternarbeit endgültig sein. Wie die Pädagogik im Fluß ist und bleiben muß, so braucht auch die Elternarbeit Bewegung. Sie richtet sich aus an den Bedürfnissen von Müttern, Vätern, Kindern und Erzieherinnen, sie wird geprägt durch Rahmenbedingungen, das soziale Umfeld, Mut zu Experimenten, Engagement, Interesse, Offenheit etc. Von Kindergartenjahr zu Kindergartenjahr können andere Formen der Elternarbeit die richtigen sein, wird die Akzeptanz unterschiedlich sein.

Dementsprechend wichtig ist die kontinuierliche Reflexion der Elternarbeit: Warum klappt es bei einer Form oder einer Aktivität, warum wurde ein bestimmtes Angebot angenommen? Welche Eltern reagieren wie auf welches Thema? Welcher Wochentag, welche Uhrzeit wird von Eltern bevorzugt? Welche Rückmeldungen geben Eltern den Mitarbeiterinnen im Kindergarten? Was hat die Erzieherinnen

frustriert oder enttäuscht in der Zusammenarbeit mit den Eltern? Warum?

Der Kindergarten als Zentrum für Familien

In den Konzeptionen vieler Träger und Einrichtungen wird heute vom Kindergarten als einem „Zentrum für Familien" gesprochen: „Auch Familien brauchen Kindergärten – Eltern nehmen immer mehr den Kindergarten als ein ‚Haus der Familie' wahr. Sie treffen sich zu Gesprächskreisen, zum Mutter-Kind-Nachmittag oder zum Vater-Kind-Frühstück. Diese Begegnungen tragen zum gegenseitigen Verständnis bei." (Diakonisches Werk der Evangelisch-Lutherischen Kirche in Bayern/Evangelische Aktionsgemeinschaft für Familienfragen (EAF) – Landesarbeitskreis Bayern 1994, S. 3)

Nie mehr im Verlauf der Kindererziehung gelingt es nach dem Kindergarten wieder einer Institution, alle Familien zu erreichen und intensiv mit den Eltern zusammenzuarbeiten. Berichte belegen, daß der Besuch von Angeboten für Eltern in der Schulzeit stark abnimmt und mit zunehmendem Alter der Kinder immer geringer wird. Es gibt aber auch Erfahrungswerte, daß Freundschaften zwischen Familien, die in Kindertagesstätten geschlossen wurden, Jahrzehnte überdauern. Um so bedauerlicher ist es, daß der Kindergarten nicht viel stärker als Begegnungsort für Familien gesehen wird, als ein Forum der Begegnung für Eltern und auch für Großeltern. Die Erzieherin ist hier nicht zusätzlich gefordert, sie muß sich allerdings für diesen Gedanken öffnen und Begegnungen zulassen. Vielleicht kann sie mit einem offenen Familientreffen einmal im Monat beginnen, später gefolgt von Angeboten wie Elterncafé, Nachbarschaftshilfe, Babysitterdienst oder Betreuung kranker Kinder von alleinerziehenden Müttern bzw. Vätern oder berufstätigen Eltern.

So könnte in Angliederung an jede Kindertageseinrichtung ein „Mütter-Väter-Zentrum" entstehen oder die Ansätze aus dem Bundesmodellprojekt „Orte für Kinder" (Deutsches Jugendinstitut 1994) weitestgehend realisiert werden. Damit dies gelingen kann, müssen aber noch viele Berührungsängste abgebaut und Wege der wechselseitigen Öffnung beschritten werden. Wenn der Kindergarten Aspekte eines Zentrums für Familien in sein Konzept integriert, können von ihm viele Impulse für die Familien ausgehen. Vielleicht kommt es zu

einem Alleinerziehendentreff, einer Tagesmütterbörse, Anregungen für die Freizeitgestaltung mit Kindern, einer „kollegialen" Beratung von Mutter zu Mutter, einem Austausch von Kinderkleidern und Spielzeug etc. Der Phantasie sind keine Grenzen gesetzt. Wenn man Eltern läßt, dann organisieren sie eine ganze Menge. Leider trauen sich viele Kindergärten noch nicht so recht; die Angst vor Mehrarbeit überwiegt. Außerdem nimmt die neue Art des Zusammenlebens von Familie und Kindergarten Einfluß auf Organisation, Struktur und Inhalt der pädagogischen Arbeit. Diese wird vielfältiger; der Kindergarten wird zu einer Lebens- und Lerngemeinschaft, in der neben den Erzieherinnen auch noch andere Erwachsene Platz haben.

Möglicherweise sind dann auch Großeltern gern gesehene Gäste. Sie sollen durch ihr aktives Mitwirken aber keinesfalls Personal einsparen, sondern sich vielmehr in Projekten einbringen oder einfach am Alltag teilhaben. Die fünfjährige Susanne beschreibt es treffend: „Also, wenn Omas und Opas da sind, das ist ganz toll. Die haben einfach Zeit. Die müssen nicht ans Telefon oder mit Mamas reden. Und dann können die toll vorlesen und noch toller erzählen, wie sie ein Kind waren, und Fotos mitbringen. Viele Sachen können die auch, die kann keiner mehr heute. Der Herr Müller hat uns gezeigt, wie man aus leeren Fadenrollen eine Strickliesel machen kann, einfach mit vier Nägeln. Und das geht viel besser als mit gekauften, die sind nicht so glatt und so. Also, wegen mir könnten jeden Tag Omas und Opas kommen. Ich glaub', daß es denen auch gefällt, ehrlich, weil sie fragen immer, wann sie wiederkommen können. Wir können sie aber auch besuchen, halt im Altersheim oder in deren Haus."

Einrichtungen, die sich schon zu einem Zentrum für Familien weiterentwickelt haben, möchten nicht mehr zurück. Sie erleben die Veränderungen nicht als Belastung, sondern als Fortschritt, als persönliche Bereicherung und Erweiterung des eigenen Horizonts, als neue Herausforderung. Viele erfahrene Erzieherinnen sind wieder begeistert bei der Sache. Die intensive Zusammenarbeit mit den Eltern motiviert sie in ganz besonderer Weise, die Öffnung zur Familie hin ist eine neue Herausforderung.

5. Öffnung nach außen

Martin R. Textor

Die Öffnung des Kindergartens zu seinem Umfeld hin ist eine Form der Öffnung, auf die keine Einrichtung verzichten sollte. Der Kindergarten darf kein abgekapselter Raum, keine „Insel" bleiben, wo die Kinder jeden Tag nur auf dieselben Personen treffen, in ähnliche Aktivitäten einbezogen werden und die gleichen Spielmaterialien benutzen – dann stößt ihre Entwicklung bald an Grenzen, kann sie nicht mehr allseitig gefördert werden. So sollten die Grenzen zwischen Kindertagesstätte und Umwelt, zwischen institutionellem und außerinstitutionellem Lernen aufgebrochen werden. Die Natur, die Nachbarschaft des Kindergartens, die Gemeinde bzw. der Stadtteil sind reich an Erfahrungsmöglichkeiten für Kleinkinder. Sie können Pflanzen, Tiere, Vögel und Insekten beobachten, mit Menschen unterschiedlichen Alters, Deutschen und Ausländern, Behinderten und Nichtbehinderten Kontakt aufnehmen, die Arbeitsplätze Erwachsener und Produktionsabläufe kennenlernen, historisch bedeutsame Bauwerke und Kultureinrichtungen erkunden. Damit wirkt der Kindergarten in altersgemäßer Weise auch schulvorbereitend; es findet eine erste Hinführung zu Inhalten der Biologie, Sozialkunde oder Geschichte statt.

Durch die Öffnung des Kindergartens zu seinem Umfeld hin wird die ganze Lebenswirklichkeit von Kindern berücksichtigt. So sind die Entwicklungsprozesse von Kleinkindern auf das engste mit dem Milieu verbunden, in dem sie aufwachsen und lernen. Professor Hopf schrieb schon 1988: „Die Bedeutung des engen Zusammenhangs zwischen lokaler Umwelt und kindlicher Entwicklung haben ... vor allem sozialisationstheoretische Erkenntnisse betont. Denn der Stadtteil und die Gemeinde bilden den unmittelbaren Erfahrungshorizont, und Kinder im Vorschulalter sind an ständiger Erweiterung des ‚Horizonts' interessiert; sie wollen ihre weitere räumliche und soziale Nachbarschaft entdecken und erobern." (S. 2)

Im Umfeld des Kindergartens finden Kleinkinder nicht nur eine Fülle an Anschauungsmaterial und Erfahrungsmöglichkeiten, sondern erleben das Lernen auch als abwechslungsreicher, interessanter, reizvoller und lebensnäher als in der Einrichtung. Durch den Kontakt zu ganz unterschiedlichen Menschen laufen scheinbar nebenbei intergenerationale und interkulturelle Lernprozesse ab, kommt es zur Entwicklung von Verständnis, Empathie, Toleranz und Solidarität. Zugleich werden Lebensräume und Erlebnisfelder zurückerobert, die Kindern zunehmend aufgrund der Verkehrsgefährdung, der mangelnden Zeit ihrer Eltern oder anderer Faktoren verschlossen bleiben. Indem Kinder mit der ganzen überschaubaren Umwelt vertraut werden, fühlen sie sich dort heimisch, entwickeln ein Wir- bzw. Heimatgefühl. Dieses kann noch dadurch gefördert werden, daß sich Erzieherinnen und Kinder auch mit örtlichen Bräuchen und Traditionen befassen.

M. Hildegard Schneider beschreibt, wieso sie den von ihr geleiteten Kindergarten Ringheim in Großostheim nach außen hin öffnete:

„Zum einen war es für mich und das Kindergartenteam im Zusammenhang mit der Konzeptionserstellung wichtig geworden, den Kindergarten hin zum Gemeinwesen, zur Kirchengemeinde, ja zum gesamten Ort zu öffnen, um so den Kindern andere und neue Lernorte, Kontakt- und Kommunikationsmöglichkeiten zu eröffnen. Zum anderen wurde mir durch die Neubelebung des Situationsansatzes in unserer Einrichtung deutlich, daß es sich bei diesem nicht nur um einen didaktischen Ansatz handelt. Vielmehr geht es darum, sich an den Lern- und Erfahrungsprozessen der Kinder vor Ort zu orientieren und deshalb das gesamte Umfeld einzubeziehen. Da ich die Eltern als Partner in der Kindergartenerziehung sehe, können und sollen auch sie ihre lebenspraktische Kompetenz bei der Planung und Durchführung verschiedener Aktivitäten einbringen. Neben anderen Erwachsenen werden sie z.B. an Projekten beteiligt. So wirkten beispielsweise beim Projekt ‚Was ist gut für meine Gesundheit?' Vertreter der örtlichen Krankenkassen, ein Zahnarzt und Eltern mit. Manche der Aktivitäten spielten sich im Kindergarten ab, andere außerhalb.
Ganz wesentlich für die Gestaltung von Außenbeziehungen und Aktivitäten außerhalb der Einrichtung sind die Aufgeschlossenheit der Fachkräfte und die Bereitschaft, Kontakt zu anderen Institutionen und Menschen aufzunehmen. Es bedarf einer großen Offenheit, das Leben außerhalb der Tore des Kindergartens als Lern- und Erfahrungsfeld für Kinder und für sich selbst zu entdecken und aufzuschließen."

Bedeutsam ist, daß das Lernen im Umfeld des Kindergartens von hoher Qualität ist. So setzen sich die Kinder mit der Wirklichkeit direkt auseinander; sie machen Primärerfahrungen anstatt von durch Medien oder Erzieherinnen vermittelte; sie machen eigene Erfahrungen, an denen sie die Aussagen und Deutungsmuster anderer Menschen überprüfen können. Zugleich eignen sie sich selbständig und selbsttätig

Wissen an. Insbesondere wenn in der Gruppe die Aktivitäten in Natur und Gemeinwesen reflektiert werden, werden unterschiedliche Beobachtungen, Sichtweisen und Meinungen ausgesprochen. Die Kinder werden hierdurch – aber auch durch die Gespräche mit anderen Menschen – mit verschiedenen Standpunkten und Perspektiven konfrontiert, was zu einem komplexeren Denken, dem Erschließen von Sinnzusammenhängen und dem Abbau von Vorurteilen führt, aber auch zur Entwicklung von Gesprächsfertigkeiten und Empathie. Zugleich können Erfahrungen, die Kinder aus ihren Lebensbereichen mitbringen, aufgegriffen und aufgearbeitet werden.

Die direkte Auseinandersetzung mit der Wirklichkeit fordert den Einsatz aller Sinne und führt zu einer differenzierten Wahrnehmung. Bei den Außen- und den nachbereitenden Innenaktivitäten herrschen handlungsorientierte Lernformen wie Interviewen, Experimentieren, Beobachten, Bauen, Basteln und Rollenspiel vor. Auch ergeben sich viele Gelegenheiten, wo Kinder mitplanen, mitgestalten und mitbestimmen können. So führt die Öffnung des Kindergartens zu seinem Umfeld hin zum beschleunigten Erwerb von Schlüsselqualifikationen wie Kommunikationsfähigkeiten, Sozialkompetenz, Organisationsvermögen, Problem- und Konfliktlösefertigkeiten, Mündigkeit, Kooperationsbereitschaft und Sachkompetenz. Die Kinder verstehen nicht nur die sie umgebende Welt besser, sondern erleben auch das Lernen als interessant, abwechslungsreich und befriedigend. Dies fördert ihre Lernmotivation und Leistungsbereitschaft.

Eine Öffnung nach außen setzt voraus, daß die Erzieherinnen das Einzugsgebiet ihres Kindergartens gut genug kennen, um für die Kinder relevante Lernorte identifizieren zu können. Auch sollten sie Kontakt zu Geschäften und Betrieben, zu sozialen und kulturellen Einrichtungen haben, die man gemeinsam mit den Kindern erkunden könnte. Ist dies nicht der Fall, sollte das Umfeld des Kindergartens zunächst im Team analysiert und auf kindgemäße Lernmöglichkeiten hin untersucht werden. Zu erfassen sind beispielsweise:

- naturnahe Flächen: Wald, Heide, Bäche, Parks usw.;
- landwirtschaftlich genutzte Flächen;
- Bebauung der Nachbarschaft: Häusertypen, Baustile, Gärten, Spielplätze, Treffpunkte usw.;
- historische Gebäude und Denkmäler;

- Arbeitswelt: Geschäfte, Firmen, Büros, Praxen, Handwerksbe-
  triebe, Bauernhöfe etc.;
- Bildungs- und Kultureinrichtungen: Grundschulen, Fachschulen,
  Kirchen, Museen, Theater usw., aber auch Traditionen, Bräuche
  und Feste;
- soziale Einrichtungen: Krankenhäuser, Altenheime, Einrichtungen
  für Behinderte etc.;
- Freizeiteinrichtungen: Sportanlagen, Schwimmbäder, Badeseen,
  Grillplätze, Vereine usw.

Dann können Ansprechpartner bei besuchenswerten Institutionen,
Betrieben und Diensten ausfindig gemacht werden, können gezielte
Erkundungsgänge folgen.

Da das Umfeld eines Kindergartens immer einzigartig ist, trifft dies
auch auf alle Außenaktivitäten zu. So dürfen nachfolgende Beispiele
keinesfalls als „Rezepte" mißverstanden werden. Die jeweilige
Außenaktivität kann mehr oder minder regelmäßig erfolgen (z.B. Spaziergänge durch die Nachbarschaft, Einkaufsgänge), einmalig (z.B.
Besuch in der Zahnarztpraxis oder bei der Feuerwehr) oder Teil eines
Projekts (z.B. „Handwerker in unserer Stadt") sein. Sie kann entweder
im Wochenplan festgelegt werden und nach bestimmten Lernzielen
erfolgen, oder sie kann sich aus einer Situation in der Kindergruppe
(z.B. ein Gespräch, ein besonderes Ereignis, ein Vorschlag eines Kindes) ergeben und gemeinsam mit den Kindern geplant werden. Generell ist nicht die Anzahl der Außenkontakte und -aktivitäten von Bedeutung, sondern deren pädagogische Qualität. Auf vor- und nachbe-
reitende Aktivitäten mit den Kindern sollte nicht verzichtet werden.

Außenstehende im Kindergarten

Die Öffnung des Kindergartens zu seinem Umfeld hin muß natürlich
nicht immer zu Außenaktivitäten führen. Vielmehr kann die Lebenswelt auch in den Kindergarten „hereingeholt" werden, indem Eltern
und Außenstehende von der Gruppe eingeladen werden – nicht um zu
hospitieren oder um mit den Kindern zu spielen, sondern um ihre besonderen Kompetenzen einzubringen. Aber auch Gegenstände und
Materialien aus Natur und Erwachsenenwelt können in den Kindergarten mitgebracht und den Kindern vorgestellt werden. Dies kann

sogar zum Aufbau thematischer Sammlungen (z.B. „Blüten und Samen", „Handwerkszeug", „alte Fotos") führen.

Erzieherinnen in Kindergärten sind Fachleute für außerfamiliale Erziehung und Elternarbeit; hierin liegt ihre Professionalität. Eltern und andere Mitbürger verfügen hingegen über ganz andere Kenntnisse, Erfahrungen und Kompetenzen, die durchaus für Kinder relevant sind und zur allseitigen Förderung ihrer Entwicklung beitragen können. Es ist somit pädagogisch sinnvoll, solche Personen ausfindig zu machen und in die praktische Kindergartenarbeit einzubeziehen. Beispielsweise kann

- ein Erwachsener seinen Beruf, die von ihm verwendeten Materialien und benutzten Werkzeuge bzw. Instrumente vorstellen;
- ein Gärtner gemeinsam mit den Kindern ein Gemüsebeet oder eine Kräuterspirale anlegen sowie sie über Aussaat und Pflege der Pflanzen informieren;
- eine ortsansässige Künstlerin den Kindern einige ihrer Werke vorstellen und ihnen neue Maltechniken vermitteln;
- ein Musiker sein Instrument vorführen und erklären;
- ein Erwachsener ein Hobby wie das Briefmarkensammeln vorstellen sowie anhand ausgewählter Marken z.B. unterschiedliche Baustile oder verschiedene Schmetterlingsarten lebendig werden lassen;
- eine Masseurin den Kindern verschiedene Massagegriffe zeigen und sie in die Partnermassage einführen;
- ein Senior von früher berichten, z.B. wie er Kindergarten bzw. Schule erlebt hat oder wie damals bestimmte Feste gefeiert wurden;
- ein Erwachsener mit guten Englisch- oder Französischkenntnissen den Kindern einige Redewendungen und Lieder beibringen;
- eine Ausländerin von der Landschaft, den Städten, Sitten und Gebräuchen ihres Heimatlandes berichten und z.B. mit den Kindern ein typisches Gericht zubereiten.

Ein Vater berichtet im Elternbrief des Kindergartens St. Nikola in Passau von seinem Besuch in der Vormittagsgruppe II:

„Passend zum Jahresmotto ‚Laßt uns Brücken bauen‘ war dieses Jahr das Faschingsmotto ‚Eine Reise um die Welt‘, denn mit beiden Themen wurde auch das Ziel verfolgt, den Kindern andere Kulturen und deren Lebensweisen zu vermitteln. Da sich die Kinder der Vormittagsgruppe II zu Fasching als Inder zu verkleiden wünschten, wollte ich den Kindern mit Bildern mei-

ner Indienreise eben dieses Land und seine Menschen etwas näher bringen.
Um das Vertrauen der Kinder zu gewinnen, hatte ich vor der Pause mit
ihnen gespielt. Dann zog ich meinen original indischen Anzug an, um mit
den Kindern die Bilder, die mit einem Episkop an die Wand ‚geworfen' wurden, wie in einem Kino anzusehen. Wir sahen neben vielen anderen Din-
gen das Verkehrschaos, arme Menschen, Kühe auf der Straße, das Tadsch
Mahal, verschiedene sehr farbenprächtige Gewürzläden, einen Verkehrs-
polizisten sowie einen Bartschneider, einen Schuster und einen Friseur, die
auf der Straße arbeiteten. Die Freude und Begeisterung war bei den Kindern so groß, daß wir uns danach die Bilder noch einmal in zwei Gruppen
anschauten, um den einen oder anderen Eindruck zu vertiefen.“

Dieses sind natürlich nur einige von unendlich vielen Möglichkeiten
einer Einbeziehung von Außenstehenden in die Kindergartenarbeit.
Es ist nicht schwierig, geeignete Personen ausfindig zu machen – oft
reicht es schon, Eltern genau zuzuhören, um besondere Talente und
Hobbys ausfindig zu machen. Und ihre Berufsangaben befinden sich
sowieso in den Anmeldeunterlagen. Haben sich solche Besuche in der
Einrichtung eingebürgert, werden auch Eltern andere, für ihre Kinder
interessante Mitbürger/-innen vermitteln. Falls diese jedoch über
keine Erfahrung mit Kleinkindern verfügen, sollten die Erzieherinnen
in einem Vorgespräch (Telefonat) ihre Erwartungen äußern und die
Vorgehensweise abklären. Nach mehreren Besuchen nimmt übrigens
auch die Scheu der Kinder vor fremden Menschen ab. Sie gehen auf sie
zu, unterhalten sich mit ihnen und fragen offen nach.

Spaziergänge und Exkursionen

Üblicherweise entdecken Kinder das Umfeld des Kindergartens auf
Spaziergängen. Sie erkunden Grünanlagen, Parks, Waldstücke, Fried-
höfe und landwirtschaftlich genutzte Flächen, vergleichen die Baustile
und Gärten der umliegenden Häuser, betrachten von ferne Wasser-
werk, Müllverbrennungsanlage und Klärwerk, lernen Geschäfte bei
Einkaufsgängen kennen, gehen mit zu Bank und Post, nehmen Kontakt zu Nachbarn und Passanten auf. Oft gibt es für Spaziergänge aktuelle Anlässe wie eine neue Baustelle, Umbauten im Gemeindezentrum, Sturmschäden im Wald, Aussaat oder Ernte, das Aufstellen eines
Maibaums, junge Lämmer auf der Weide, reife Früchte (wie Holunder
oder Schlehen) zum Einsammeln usw.

Spaziergänge, Besichtigungen und Einkaufsgänge können mit der ganzen Gruppe oder in Kleingruppen von sechs bis acht Kindern erfolgen. Letzteres hat den Vorteil, daß keine weiteren Begleitpersonen benötigt werden (spontan durchführbar), daß die Kinder besser zu beaufsichtigen sind und daß sie leichter die Initiative ergreifen können. Finden Erkundungs- und Einkaufsgänge in Kleingruppen häufig statt, dann befürchten die zurückbleibenden Kinder zumeist nicht, etwas Besonderes zu verpassen. Je öfter Spaziergänge durchgeführt werden, um so besser lernen die Kinder das Umfeld des Kindergartens kennen. Sie beginnen, sich dort heimisch und sicher zu fühlen.

Dem Kennenlernen der Erwachsenenwelt dienen aber auch vorgeplante und vorangemeldete Besuche bei Handwerkern, Ärzten oder Fabriken bzw. Exkursionen zum Rathaus, Theater, Museum, Krankenhaus usw. Solche Ausflüge sind nicht ganz unproblematisch, wie folgender Auszug aus einem Referat von Roger Prott verdeutlicht (in: Berger et al. 1992, S. 205-207):

„Wie verläuft so ein Ausflug zum Zoo, ein Besuch beim Bäcker oder Spaziergang zum nächsten Spielplatz üblicherweise? Den Kindern werden ein oder mehrere Zielpunkte angesagt; sie dürfen auswählen. Manchmal greift die Erzieherin Ideen und Anregungen der Kinder auf. Ob es nun gerade dieses Mal so sein wird, darüber entscheiden wird sie allein. Die Erzieherin plant, bereitet vor, organisiert, terminiert und kontrolliert: den Fahrplan, die Wegstrecke, die Verpflegung, die Zweierreihen und manches mehr. Der Weg zum Zielpunkt wird schnell überbrückt, das Dazwischen ist hinderlich, zum Teil gefährlich und stört. Weitere Störungen werden tunlichst vermieden, um sich und die Kinder zu beschützen.

Der Schutz bewahrt die Kinder vor körperlichem Schaden, es soll ihnen ja nichts zustoßen. Der Schutz bewahrt die Kinder häufig ebenfalls vor sozialen Kontakten: Die Kinder sollen ruhig sein im Bus, damit kein anderer gestört wird; die Kinder sollen nicht so neugierig die Leute anstarren oder sie gar ansprechen, denn die Gruppe soll pünktlich ans Ziel gelangen; und wenn doch einmal ein Passant mit den Kindern schimpft, dann schreitet mit Sicherheit zur Sicherheit die Erzieherin ein.

Am Zielpunkt des Ausflugs, beispielsweise beim Bäcker, angelangt, schauen sich die Kinder alles an, dürfen vielleicht etwas anfassen und ein paar vorbesprochene Fragen stellen; dann geht es auf dem gleichen Weg und in gleicher Weise zurück in den Kindergarten.

Was können Kinder dabei lernen?

(1) Die Erzieherin weiß, wo es langgeht. Sie weiß, was gut und interessant ist; zumindest weiß sie, was gut und interessant zu sein hat.

(2) Die Erzieherin organisiert alles, regelt alles, nimmt einem alles ab.
(3) Erwachsene machen alles; als Kind brauche ich bloß zuzuschauen. ...

Die Kinder erfahren, daß Gänge zum nächstgelegenen Spielplatz mehrfach möglich sind, daß man einen Ausflug in der Regel nur einmal unternimmt und dann nie wieder. Wozu also war der Ausflug gut? Für die Zukunft? Die Kinder lernen, daß dieser Ausflug nicht einmal jetzt zu gebrauchen ist, denn auf den Alltag der Einrichtung bleibt er ohne Einfluß.

Wenn ich diese Effekte nicht richtig finde und deshalb vermeiden will, muß ich als Erwachsener soweit wie möglich aus dem gewohnten Schema ausbrechen: Nicht ich bestimme, wo es hin- und wo es langgeht, sondern die Kinder werden zu Bestimmern ihres Alltags. Sie bestimmen, welche Auseinandersetzung sie eingehen und welche nicht; sie bestimmen ihr Tempo; sie wissen oder lernen, wann sie den nächsten Schritt tun können und welches für sie der nächste Entwicklungsschritt ist. Die Kinder brauchen den Raum für den Schritt und die Zeit für die Entscheidung.

Um Interesse zu wecken, kann ich den Kindern vieles zeigen. Das wird meist gelingen. Um jedoch Interessen zu wecken, Eigeninitiative zu fördern und Konzentrationsfähigkeit zu bewahren, muß ich die Kinder entdecken lassen. Ich darf sie nicht zwingen, muß sie sich in Beziehung setzen lassen zu den Menschen, zu den Gegenständen und den Konventionen. Günstig ist ferner, als Erwachsener nicht schon alles zu wissen (oder auch nur so zu tun), sondern selbst neugierig zu sein, denn Neugier ist eine ansteckende Krankheit. ...

Sie können noch mehr berücksichtigen. Sie können die Kinder mehr entdecken lassen, als ihnen zu zeigen. Sie können sich die Welt von den Kindern zeigen lassen. Sie können sich darauf einstellen, zu entdecken, was die Kinder entdecken. Sie können sogar das Unmögliche fertigbringen: mit den Kindern in die Knie gehen und gleichzeitig hinter ihnen stehen. Die zweite Tätigkeit gibt den Kindern Rückhalt und zugleich Ihnen die Richtung an, in die Sie blicken müssen. Die erste Tätigkeit verändert Ihre Perspektive entscheidend. Wenn es auch schwerfällt: Die Alternative des oben und unten haben nur Sie. Kinder wachsen nicht so schnell, wie Sie sich bücken können.“

Bei Spaziergängen, Besuchen und Exkursionen ist also wichtig, daß die Kinder mitplanen und mitbestimmen können, daß ihnen Raum für ihre Entdeckungsfreude, Neugier und Kontaktbereitschaft gegeben wird, daß sie selbsttätig und eigenverantwortlich handeln können. So sollten die Kinder bei Erkundungen im Umfeld des Kindergartens genau beobachtet werden: Was interessiert sie? Wo verweilen sie? Wonach fragen sie? Mit wem wollen sie sprechen? Auch ist wichtig, Ausflüge mit den Kindern vor- und vor allem nachzubereiten (im Gespräch, durch Malen und Bastelarbeiten etc.): Ein fortwährender

Wechsel zwischen Beobachten, Erfahren und Erleben im Umfeld auf der einen Seite und dem Reflektieren und Verarbeiten des Neuen im Kindergarten auf der anderen Seite ist besonders entwicklungsfördernd. Deshalb ist es empfehlenswert, Erkundungsgänge und Exkursionen so weit wie möglich in Projekte einzubinden.

Marlene Ocker vom Kindergarten in Mariazell beschreibt Spaziergänge, die diesen Kriterien entsprechen (in: Berger et al. 1992, S. 240-241):

„Im letzten Sommer widmeten wir uns verstärkt der Dorferkundung. In kleineren Gruppen mit ca. fünf bis sieben Kindern versuchten wir, die Besonderheiten unseres Dorfes zu entdecken. Da gehörten der gesamte Verlauf des Dorfbaches und die alten Bäume dazu, ebenso die Brücken, Winkel und die vielen Häuser. Wir wollten natürlich auch wissen, wo die Kinder der Gruppen zu Hause sind. Es war ganz interessant, was wir unterwegs so alles erlebten.

So waren wir eines Nachmittags auf dem Weg zu den Häusern einiger Kinder, als wir plötzlich virtuose Trompetentöne vernahmen. Wir wollten eine kleine Weile zuhören, als schließlich das Fenster, hinter welchem wir den Spieler vermuteten, geöffnet wurde. Die Kinder riefen alle: ‚Spiel doch nochmal, es war so schön!‘ Worauf der Musiker nochmals die Trompete ansetzte. Es ergab sich dann eine nette kleine Unterhaltung. Dabei erfuhren wir, daß der Bläser kein ‚Mariazeller‘ ist, sondern zu Besuch bei seinen Eltern hier war und ansonsten als Bläser bei den Berliner Philharmonikern spielt. Es war natürlich eine Überraschung, so jemanden kennenzulernen. Wir freuten uns alle über das Erlebnis bei diesem Spaziergang. Die anderen Häuser waren nun nicht mehr so wichtig, sondern das schöne ‚Konzert‘. Wir konnten dann am nächsten Tag eine Schallplatte mit dem Musiker als Solisten besorgen, die wir mit den Kindern anhörten!

Bei all unseren Spaziergängen sind nicht die Ziele das Wichtigste, sondern das, was wir unterwegs erleben. So erging es uns bei einem Spaziergang zu den Feldern, wo wir die Mähdrescher beobachten wollten (den wir übrigens nicht nur einmal unternahmen, sondern bei jeder Gelegenheit): Wir waren gerade ca. 300 m vom Kindergarten entfernt, als wir eine Mutter in ihrem Garten antrafen und uns ein wenig mit ihr unterhielten. Anscheinend war dies den Kindern zu langweilig, weshalb sie sich an einem sich in der Nähe befindlichen Steinhaufen zu schaffen machten. Einige Kinder hatten nun herausgefunden, daß diese Steine zum Malen auf der Straße geeignet waren. Sie setzten sich auf den Boden und begannen, auf dem fast verkehrsfreien Asphaltsträßchen kreativ zu werden. Schließlich saßen alle Kinder auf dem Boden und malten. In der Nähe befand sich ein Lindenbaum mit schon auf dem Boden liegenden Früchten. Auf der anderen Seite des Weges beobachteten einige Kinder, die inzwischen keine Lust mehr zum Malen hatten, verschiedene Käfer und Raupen. Die einen schauten den Käfern zu, die anderen sammelten unter der Linde die Samen, begannen, mit den weichen Schalen zu streicheln und alles mögliche zu spielen. Die Kinder freuten sich an all dem, was sie entdeckten und beobachteten, und wir freuten uns an dieser entstandenen ‚Situation'. Voller Eindrücke und ohne die Erfahrung des Mähdreschers kehrten wir in der Kindergarten zurück."

Projektarbeit

Projektarbeit ist eine Form der Kindergartenarbeit, die besonders gut der Lebenssituation von Kindern und den Zielen einer zeitgemäßen Frühpädagogik entspricht (vgl. Textor 1995). Bei einem Projekt wird ein bestimmtes Thema wie „Wo gehen Menschen einkaufen?", „Uhren", „Leben im Mittelalter", „Das Wetter" oder „Wer macht was auf einer Baustelle?" über einen längeren Zeitraum hinweg intensiv behandelt („exemplarisches Lernen"). Damit sind in der Regel die Öffnung des Kindergartens zu seinem Umfeld hin und die Einbeziehung Dritter verbunden. Die Zahl möglicher Projektthemen und -verläufe ist letztlich unbegrenzt. So entspricht kein Projekt einem anderen. Allerdings ähneln sie sich darin, daß aktive Lernformen wie Beobachten, Untersuchen, Experimentieren, Erfahren, Interviewen, Diskutieren und Reflektieren zum Zuge kommen, daß das Lernen überwiegend vom Innern der Kinder motiviert ist, daß die Selbsttätigkeit, Eigenverantwortung und Kooperation der Kinder (in Kleingruppen) betont werden und daß die kindliche Entwicklung allseitig gefördert wird (Erwerb von Wissen und Kompetenzen). Ein Beispiel (nach Katz/Chard 1989, S. 56 ff.):

Das Projekt „Wetter" begann mit einer Gruppendiskussion über Sonnenschein und Regen, Schnee und Wind. Diese verdeutlichte, inwieweit Kleinkinder das Wettergeschehen beobachteten, welche Vorkenntnisse sie mitbrachten und inwieweit sie sich des Einflusses des Wetters auf das Alltagsgeschehen bewußt waren. Dann malten die Kinder Bilder zum Thema. In den folgenden Tagen wurden Geschichten, Lieder und Gedichte über das Wetter von den Erzieherinnen eingeführt. Ferner wurden ganz unterschiedliche Experimente gemacht. Beispielsweise maßen einige Kinder mehrmals täglich die Lufttemperatur mit einem Thermometer, das anstatt einer Gradeinteilung in Zahlen eine Farbskala aufwies. So konnten die Kinder ihre Meßergebnisse mit Farbstiften festhalten. Dann wurden Innen- und Außen-, Vormittags- und Nachmittagstemperatur miteinander verglichen. Die Kinder diskutierten mit den Erzieherinnen, was wohl die Temperaturunterschiede verursachte.

Ferner wurden Experimente mit Eiskugeln gemacht. So wurde ermittelt, ob Eis schneller oder langsamer schmilzt, wenn es an verschiedenen Orten ausgelegt wird, wenn es aus klarem oder gefärbtem Wasser besteht oder wenn es sich in gleich großen Gefäßen aus unterschiedlichem Material befindet. Immer wieder wurde nach Erklärungen gesucht. Auch maßen die Kinder den Regenfall und erforschten, ob Pfützen im Schatten oder in der Sonne schneller trocknen (in regelmäßigen Abständen wurden mit Kreide Kreise um die Pfützen herum gezogen). Außerdem wurden verschiedene Materialien hinsichtlich ihrer Wasserdurchlässigkeit untersucht. Ferner lernten die Kinder, die Stärke des Windes mit Windmühlen und dessen Richtung mit einem Wetterhahn zu messen. Gemeinsam wurden Drachen und unterschiedliche Papierflieger gebastelt, wobei letztere hinsichtlich ihrer Flugfähigkeit verglichen wurden. Schließlich wurde über die Jahreszeiten und die verschiedenen Klimazonen der Welt gesprochen. Es wurde diskutiert, wie sich Tiere, Pflanzen und Menschen diesen klimatischen Bedingungen anpassen.

Das Thema für ein Projekt kann sich eher zufällig aus einer bestimmten Situation in der Kindergruppe ergeben oder von den Erzieherinnen vorab festgelegt werden. Es sollte aber immer von den Interessen der Kinder ausgegangen und gefragt werden, wie relevant das Thema für deren Leben ist, ob es zu möglichst vielfältigen Aktivitäten führt, inwieweit alle Bereiche der kindlichen Entwicklung durch es gefördert werden und ob es relativ leicht durchführbar ist. Die Planung und Vorbereitung des Projekts können entweder im Team oder gemeinsam mit den Kindern erfolgen. Auf jeden Fall sollten aber während der Durchführung des Projekts den Kindern viele Gelegenheiten zum Mitbestimmen eingeräumt werden. Auch sollten diese möglichst viele Aktivitäten selbsttätig, eigenverantwortlich und kooperativ durchführen können. Die Erzieherinnen übernehmen dann eine überwiegend motivierende und unterstützende Funktion, geben Ratschläge und benötigte Informationen, zeigen Optionen auf und fördern die Zusammenarbeit in Kleingruppen. Ferner achten sie darauf, daß Phasen des Erkundens, Untersuchens und Experimentierens immer wieder von Phasen der Reflexion, Phasen des Bauens, Bastelns und Malens und Phasen des Rollenspiels abgelöst werden, in denen die Kinder ihre Eindrücke verarbeiten und umsetzen können, aber auch neue Lernerfahrungen machen und Kompetenzen erwerben.

Projekte können sich über einige Tage oder Wochen erstrecken – aber auch über ein ganzes Kindergartenjahr, wie nachfolgendes Beispiel von Claudia Lampelsdorfer zeigt:

„In der unmittelbaren Umgebung unseres Kindergartens St. Nikola in Passau sind mehrere Brücken mit unterschiedlichsten Funktionen zu finden: eine Eisenbahnbrücke, eine alte Fußgängerbrücke, Brücken für Autos und in der angrenzenden Universität eine Brücke, die zwei Gebäude miteinander verbindet.

Bei Ausgängen mit der Kindergruppe ist immer wieder zu beobachten, welch großes Interesse Kinder für Brücken haben: Bei der Eisenbahnbrücke müssen wir immer stehenbleiben, die Waggons der vorüberfahrenden Züge zählen, den Geräuschen lauschen. Wichtige Fragen müssen beantwortet werden, z.b. was die Waggons geladen haben oder wohin sie fahren. Von der Fußgängerbrücke aus haben die Kinder einen guten Blick auf den darunterliegenden Fluß; Wasservögel und Boote können beobachtet werden. Das leichte Schwanken, das in der Mitte der Brücke zu spüren ist, macht den Kindern besonderen Spaß.

Wir haben mit den Kindern überlegt, welche Funktion die einzelnen Brücken haben und was wäre, wenn sie nicht da wären. Darauf meinte Steffi (5 Jahre): ,Ja, wenn es die Brücke da nicht gäbe, dann würden die Leute immer traurig am Ufer stehen und könnten nur rüberschauen und die Leute da drüben nicht besuchen.'

Bei Ausgängen zum nahegelegenen Spielplatz war zu beobachten, daß ein Spielgerät mit einer schwankenden Brücke ein besonders begehrter Platz war. Einige Kinder rannten mit Begeisterung über einen Steg aus Holz und Ketten. Andere mußten noch viel Mut aufbringen und gingen vorsichtig darüber. Die Brücke wurde in Rollenspiele einbezogen, und das angrenzende Häuschen war ein besonders begehrter Treffpunkt.

Diese Beobachtungen gingen mir auf der Suche nach einem Jahresthema durch den Kopf. Mir war klar, das Thema mußte etwas sein, mit dem die Kinder direkt etwas anfangen können, das mit Spaß und Freude am Entdecken verbunden ist. Den nächsten Anstoß bekam ich bei der Planung für die Neugestaltung unseres Außenspielgeländes. Bei einer Befragung der Kinder kam ganz deutlich heraus, daß sie sich auch so eine Brücke wie auf dem nahegelegenen Spielplatz wünschten.

Die Überlegungen zum Jahresthema gingen weiter, und in der Teamsitzung zum Jahresbeginn wurde endgültig das ,Brückenthema' gewählt. Nach einer ausführlichen Stoffsammlung von Gedanken, Ideen und eigenen Kindheitserlebnissen war der ,Grundstein' gelegt. Es war klar, daß wir es nicht bei Ausgängen zu Brücken und dem Konstruieren solcher Bauwerke belassen wollten. Uns Erwachsenen war der Verbindungscharakter von Brücken wichtig. Es sollte ein Symbol für Begegnungen mit anderen Menschen sein. So hieß dann die endgültige Themenformulierung: ,Laßt uns Menschen-Brücken bauen.'

Dann galt es, die Situation unseres Kindergartens, der Kinder und ihrer Familien näher zu betrachten und Verbindungen zum Projekt herzustellen. Wir stellten fest:

- In unserer Stadt gibt es drei Flüsse, und darum sehen die Kinder hier unterschiedlichste Brücken.
- Unser Kindergarten befindet sich in einem Klostergebäude, in dem es außerdem noch ein Altenheim und die Fachakademie für Sozialpädagogik gibt. Hier leben und arbeiten Ordensschwestern. In den angrenzenden Gebäuden befinden sich die Universität und die Pfarrkirche.
- Fast 50 % der Kinder sind im September neu in unseren Kindergarten gekommen.
- Vor dem Eintritt der Kinder in den Kindergarten kannten sich die meisten Eltern nicht. Kontakte müssen erst aufgebaut werden.
- In jeder Gruppe gibt es Familien, die aus anderen Ländern kommen.
- Unser Team hat drei neue Mitarbeiterinnen.

Ein Hauptziel unseres Projekts war, das Jahresthema wörtlich zu nehmen, das heißt, gemeinsam mit den Kindern Brücken zu Menschen in unserer Umgebung zu bauen, Beziehungen zu knüpfen, uns für das Leben anderer zu interessieren, den Raum für Begegnungen zu schaffen und Berührungsängste abzubauen. Dabei wollten wir die Eltern einbeziehen.

In unserem ersten Elternbrief informierten wir die Eltern über unser Jahresthema. Zur gleichen Zeit gestalteten die Kinder eine ‚Menschen-Brücke' im Eingangsbereich. Dann luden wir alle Familien zu einem gemeinsamen Fest zur Einweihung unseres neugestalteten Gartens ein. Es begann mit einer ‚Stadt-Rally', die von den Gruppen separat durchgeführt wurde (unterschiedliche Startpunkte), und endete mit der Segnung des Gartens durch den Pfarrer. Hier wurden erste Kontakte zwischen den neuen (und alten) Eltern geknüpft.

Beim Elternabend Anfang November, bei dem auch der Kindergartenbeirat gewählt wurde, stellten wir anhand von Dias die pädagogische und architektonische Konzeption unseres neugestalteten Außengeländes vor. Die letzten drei Dias zeigten jeweils eine Gruppe des Kindergartens auf der zum Klettergerüst gehörenden Hängebrücke. Mit diesen Bildern stimmten wir die Eltern auf unser Jahresthema ein: ‚Unsere Kinder erleben täglich Begegnungen mit anderen Kindern und Erwachsenen. In der nächsten Umgebung des Kindergartens treffen sie Menschen, die bestimmte Funktionen haben. Wir möchten Sie, liebe Eltern, einladen, unser Jahresthema aktiv mitzugestalten.'

Die Eltern zogen sich dann mit den Fachkräften in die Gruppenräume zurück und sammelten Ideen, wie das Projekt realisiert werden könnte. Einige Vorschläge waren:
- Kindergartenkinder besuchen eine Familie.
- Eltern kochen mit den Kindern Gerichte aus ihrem Heimatland.
- Faschingsthema ‚Reisen in ferne Länder'.
- Besuch bei Kindern in der Kinderklinik.
- Familienausflug zu einer Brücke am Wochenende.
- Wir laden Gäste in den Kindergarten ein, die eine andere Nationalität haben.
- Wir lernen ein Lied in einer fremden Sprache.

Die Ideen wurden auf Plakaten gesammelt. Diese wurden noch einige Zeit im Eingangsbereich des Kindergartens aufgehängt, um den Eltern die Möglichkeit zum Ergänzen zu geben. Ein Elternteil schrieb folgende Anregung dazu: ‚Nähe zu anderen Menschen spüren, sich auf Nähe einlassen.‘ Diesen Satz finde ich sehr aussagekräftig.

In den folgenden Monaten führten wir viele der vorgeschlagenen (und weitere) Aktivitäten durch. Eine Zeitlang beschäftigten wir uns mit dem Unterthema: ‚Laßt uns auf die Reise gehn und ferne Länder sehn.‘ Jede Gruppe spezialisierte sich auf ein anderes Land. Unsere Gruppe entschied sich für Indien. So wurden Turbane aus Stoff gewickelt, Flöten mit Schlangen für einen Tanz gebastelt, große Elefanten gemalt und Wellpappeschlangen für meterlange Girlanden geschnitten. Ein Vater, der längere Zeit in Indien war, besuchte uns an einem Vormittag und berichtete von seinen Reiseerlebnissen. Verschiedene Sachbücher wurden in der Gruppe aufgelegt, und indisches Essen stand auf dem Speiseplan.

Die Faschingsfeier gestaltete sich in Form einer Reise: Fremde Länder, vorbereitet von den Nachbargruppen, wurden besucht. Als die Gäste zu uns kamen, zeigte unsere ‚Indien-Gruppe‘ einen Schlangentanz. Danach wurden die Eltern zu gemeinsamen Tänzen in den Gruppenraum gebeten, um noch etwas ‚Indien-Atmosphäre‘ zu erleben.

Ein Teilaspekt des ‚Brücken-Projekts‘ betrifft direkt unser Haus. Wir sehen im Klostergebäude ein Begegnungsfeld für unterschiedliche Menschen: Kinder, Eltern, Haus- und Küchenpersonal, Ordensschwestern, alte Menschen und Studierende der Fachakademie. Es war uns wichtig, diese Berührungspunkte bewußt auszubauen. Warum sollten die Kinder unsere beiden Hausmeister immer nur dann sehen, wenn im Kindergarten etwas repariert werden muß? So hatten wir die Idee, Herrn Schmidt und Herrn Kloose zu bitten, bei unserem ‚Lichtmeßgottesdienst‘ mitzuwirken. Zwei Väter und eine Mutter mit einem ‚echten‘ Baby übernahmen die Rollen von Simeon, Josef, Maria und dem Kind Jesus. Daneben gab es noch viele weitere Begegnungen – einen Nikolausbesuch der Kinder bei den Klosterschwestern, Besuche im Seniorentrakt, im Sekretariat der Fachakademie usw.

Anfang März stand ein Ausgang zu zwei Brücken, die sich in der direkten Umgebung unseres Kindergartens befinden, auf dem Programm. Wir wurden von einem Vater begleitet. Unser erstes Ziel war die Eisenbahnbrücke über den Inn. Zur Vorbereitung auf unseren Ausflug hatten wir mit den Kindern ein altes Foto von der Brücke, das vor dem Krieg entstand, angeschaut.

Den Kindern fiel gleich auf, daß von den vier Türmen, die auf dem alten Foto zu sehen sind, nur noch einer erhalten ist. Ebenso fehlt das Tor am Brückenanfang. Wir stellten uns unter die Brücke, lauschten dem Geräusch der fahrenden Züge. Die Steine der Brückenpfeiler wurden genauer betrachtet, ebenso die tortigen Durchgänge unter der Brücke. Wir versuchten, mit den Kindern ‚Brückentore‘ nachzuspielen. Simon meinte: „Jetzt sind wir eine Brücke unter der Eisenbahnbrücke!‘

In ca. 300 Meter Entfernung befindet sich eine zweite Brücke, der ‚Fünferlsteg‘. Ich erzählte den Kindern, daß ich mich noch erinnern kann, wie in meiner eigenen Kindheit ein ‚Brückenzoll‘ für das Passieren des Steges zu entrichten war. Dann besichtigten wir das frühere Haus des Brückenwärters. Das Gitterfenster, hinter dem früher die Kasse war, ist noch zu sehen. Wir gingen über die Brücke, stellten Vergleiche zur Eisenbahnbrücke her, beobachteten Menschen auf der Brücke und fütterten die Möwen. Zurück im Kindergarten entstanden interessante Brückenzeichnungen.

Zu unserem ‚Menschen-Brücken-Projekt' gehörten noch viele weitere Aktivitäten, die ich aus Platzmangel nicht alle beschreiben kann. Viele dienten auch der Intensivierung des Kontaktes zu den Eltern. Unser Projekt wird sicher nach diesem Jahr weitergehen. Ein Aspekt, den ich noch sehr interessant finde, ist die Intensivierung des Kontakts zu Menschen aus anderen Kulturen.“

Zusammenarbeit mit anderen Institutionen

Teil der Öffnung des Kindergartens nach außen hin ist die Zusammenarbeit mit anderen Institutionen – zum einen mit psychosozialen Diensten (siehe Kapitel „Vernetzung"), zum anderen mit Einrichtungen, bei denen ein kontinuierlicher Kontakt mit entwicklungsfördernden Erfahrungen für Kleinkinder verbunden ist. Zunächst ist hier an eine Kooperation mit der Kirchengemeinde zu denken. Dies gilt besonders für Kindergärten mit einem kirchlichen Träger, zumal hier die Erzieherinnen zum hauptamtlichen Mitarbeiterstab der Pfarrei gehören. Nach christlichem Gemeindeverständnis ist der Kindergarten ein Glied des „Körpers" Gemeinde, sollten alle Glieder in wechselseitigen Beziehungen stehen und zusammenwirken.

Der Kindergarten kann die Pfarrgemeinde für die Kinder und ihre Familien erschließen: die Kirche, das Pfarrhaus, das Gemeindezentrum, die Kunstgegenstände, die haupt- und ehrenamtlich Tätigen, die verschiedenen Gruppierungen usw. Die Kinder lernen einen wichtigen Teil der Erwachsenenwelt kennen und beginnen, sich in der Gemeinde wohl, sicher und geborgen zu fühlen. Für die Eltern ergeben sich neue Außenkontakte, Kommunikations- und (eventuell) Beratungsmöglichkeiten. Insbesondere der Pfarrer sollte großes Interesse an einer solchen Zusammenarbeit haben, da er vor allem über den Kindergarten den Zugang zu den meisten jungen Familien in seiner Gemeinde finden kann.

Kooperationsmöglichkeiten zwischen Kindergarten und anderen Gliedern der Pfarrgemeinde sollten in regelmäßigen (Dienst-)Besprechungen mit dem Pfarrer ausgelotet werden. Hier geht es zunächst um den Aufbau eines Vertrauensverhältnisses und darum, die Arbeit der einen Seite für die andere transparent zu machen. Dann können gemeinsame Aktivitäten geplant werden wie beispielsweise:

– Besuche des Pfarrers im Kindergarten (auch zur Unterstützung religionspädagogischer Aktivitäten),

- Besuche beim Pfarrer, beim Mesner, bei der Gemeindekranken-schwester usw.,
- Besichtigung der Kirche und sakraler Gegenstände, eventuell mit Führung durch den Pfarrer,
- Teilnahme der Kinder an einer Trauung oder Taufe (möglichst wenn die betroffenen Personen in Beziehung zum Kindergarten stehen),
- Durchführung eines Kindergarten- bzw. Familiengottesdienstes,
- Teilnahme des Pfarrers an einem Elternabend (eventuell auch als Referent zu einem religionspädagogischen Thema),
- Besuche bei älteren Gemeindemitgliedern bzw. Jubilaren,
- gemeinsame Veranstaltungen mit dem Seniorenkreis,
- Beteiligung des Kindergartens am Kirchweih- bzw. Gemeindefest,
- Öffnung des Sommerfestes oder anderer Feiern des Kindergartens für Gemeindemitglieder,
- Vorführung der Jugendgruppe im Kindergarten,
- Durchführung gemeinsamer Basare und Flohmärkte,
- Beiträge der Erzieherinnen im Pfarrblatt bzw. des Pfarrers im El-ternbrief,
- Austausch relevanter Ankündigungen und Anschläge für das Schwarze Brett.

Noch besser lassen sich solche oder ähnliche Aktivitäten planen, wenn es in der Pfarrei regelmäßige Besprechungen mit Vertretern aller Gruppen und Kreise gibt.

Von besonderer Bedeutung ist ferner die Zusammenarbeit mit (Grund-)Schulen. Hier geht es zum einen um die Erleichterung des Übergangs vom Kindergarten zur Grundschule (vgl. Kapitel „Vernetzung"): „Nur durch einen intensiven Austausch zwischen Erziehern und Lehrern ist die Kontinuität in der Erziehung und Bildung gewährleistet: Was Kinder im Kindergarten gelernt haben, soll nicht verloren gehen. Es soll vielmehr in der Schule darauf aufgebaut werden. Über Bilderbücher, Liedgut, ja die gesamte Erziehungskonzeption usw. muß ein Informationsaustausch erfolgen." (Huppertz 1986, S. 160 f.)

Die älteren Kindergartenkinder sollen möglichst schon ihre zukünftige Lehrerin und den Klassenraum kennenlernen. Ferner sollen Grundschullehrer und Erzieherinnen gemeinsam den Eltern das Lernen im Kindergarten und in der Schule vorstellen, Unterschiede diskutieren und Kriterien der Schulreife erarbeiten. Bei Zweifelsfragen hinsichtlich der Einschulung eines Kindes sollten Gespräche zwischen Lehrer, Erzieherin und Eltern erfolgen.

Zum anderen – und das ist in unserem Kontext wichtiger – geht es bei der Kooperation mit Schulen darum, Kindern die Lern- und Lebenswelt einer Bildungsinstitution vorzustellen. Schulen sind ein zentraler Bestandteil der kindlichen Lebenswelt: Geschwister gehen bereits zur Schule, ältere Kindergartenkinder sprechen über ihre bevorstehende Einschulung, Bekannte fragen: „Und wann kommst Du in die Schule?" – und so sind Kinder sehr daran interessiert, solche Einrichtungen kennenzulernen. In diesem Zusammenhang wird deutlich, daß sich die Kooperation nicht auf die beiden ersten Grundschulklassen beschränken muß. Vielmehr sind auch Kontakte zu Haupt- und weiterführenden Schulen, zu Fachschulen und eventuell sogar zu Berufsschulen sinnvoll.

Besuche in der Schule mit der Kindergruppe oder mit einer Teilgruppe von acht bis zehn Kindern sollten gründlich vorbereitet werden. Lehrer/-innen oder – noch besser – Schüler/-innen zeigen den Kindern zunächst den Pausenhof und das Schulgebäude. Dann kann ein Unterrichtsbesuch folgen, wobei die Kindergruppe entweder hinten im Klassenzimmer oder aufgeteilt in den Ecken des Raumes sitzt. Alternativ kann sich jeweils ein Kindergartenkind neben einen Schüler setzen und sich von diesem betreuen lassen. Der Lehrer sollte möglichst solche Unterrichtsinhalte auswählen, die für Kleinkinder nachvollziehbar sind (z.B. aus dem Bereich der Biologie). Bei Aktivitäten wie Singen, Basteln, Malen und Werken oder beim Sport in der Turnhalle können die Kindergartenkinder mitmachen.

Wichtig ist, daß die Besuche in der Schule auch nachbereitet werden. Beispielsweise kann im Gespräch mit den Kindern das Besondere der Schule im Vergleich zum Kindergarten herausgearbeitet werden (z.b. Schulpflicht, altersgleiche Klassen, Lehrplan, Unterrichtsstunden mit festgelegter Dauer, Schulfächer, Benotung, Stillsitzen der Schüler/-innen). Die Kinder können „Schule spielen" oder ihre Beobachtungen in Bildern festhalten.

Bei intensiveren Kontakten sind natürlich auch Gegenbesuche der (Grund-, Fach-)Schüler im Kindergarten möglich. Ferner können Schüler/-innen und Kindergartenkinder zu Spielnachmittagen zusammentreffen, gemeinsam Ausflüge unternehmen (Zoo, Heimatmuseum, Burg usw.) oder eine (Puppen-)Theateraufführung besuchen. Viele Feste (St. Martin, Erntedankfest, Karneval etc.) können von den Kindern geplant, vorbereitet und durchgeführt werden: Schüler/-innen und Kindergartenkinder singen und tanzen abwechselnd etwas vor, machen füreinander Aufführungen (z.B. Krippen- oder Schattenspiel) und spielen miteinander. Hier können auch die Eltern und andere Familienmitglieder einbezogen werden.

Carmen Wagner berichtet nun, wie der Kindergarten St. Laurentius in Denkhof mit einer Schulvorbereitenden Einrichtung (SVE) zusammenarbeitet, in der geistig und körperlich behinderte sowie verhaltensauffällige Kinder zwischen drei und sieben Jahren betreut und gefördert werden:

„Vor einigen Jahren hatte ich in meiner Gruppe ein Mädchen, dessen Vater als Lehrer in der SVE tätig war. Dieses Mädchen erzählte ab und zu von den Kindern in der SVE, die sie durch ihren Papa bereits kennengelernt hatte. Angeregt durch die Erzählungen des Mädchens einerseits und die ,Tür- und Angelgespräche' zwischen dem Vater und mir andererseits, entwickelte sich allmählich die Idee einer wechselseitigen Kontaktaufnahme.

Als ich mich mit den Kindergartenkindern zusammensetzte und ihnen von dieser Idee berichtete, reagierten sie von Anfang an sehr aufgeschlossen. In der folgenden Zeit beschäftigten wir uns etwas intensiver mit dem Thema ,Behinderte Menschen', und schließlich war es soweit, daß wir Vorbereitungen für unser erstes Zusammenkommen treffen konnten. Zuerst gestalteten wir Einladungen, dann überlegten wir, welche Spiele wir gemeinsam mit den SVE-Kindern spielen könnten.

Der Tag unseres ersten Treffens rückte näher. Wir hatten einen Kuchen für die Gäste gebacken, und als es dann endlich soweit war, deckten wir zusammen mit den Kindern die Tische und erwarteten voller Aufregung den Besuch. Zu unserer Überraschung hatten die SVE-Kinder ein tolles Geschenk mitgebracht, nämlich eine selbstgebastelte Trommel, über die sich unsere Kinder riesig freuten. Dieses Geschenk sollte uns im Laufe der folgenden Jahre immer wieder an unseren Besuch erinnern.

Folgende Eindrücke sind mir von diesem Tag unseres ersten gegenseitigen Kennenlernens noch besonders im Gedächtnis geblieben: Bei dem Kreisspiel ‚Ich bin ein dicker Tanzbär‘, bei dem die Kinder jeweils ein anderes zum Tanzen auffordern sollten, konnten wir anfängliche ‚Berührungsängste‘ zwischen Kindergarten- und SVE-Kindern beobachten. Die Kindergartenkinder suchten sich jeweils wieder ein Kindergartenkind als Tanzpartner aus, die SVE-Kinder forderten ausschließlich wieder SVE-Kinder zum Tanzen auf. Erst auf unseren Vorschlag hin, sich ein Besuchskind zum Tanzen zu holen, trauten sich einzelne Kinder. So kann man von einer allmählichen Annäherung und Kontaktaufnahme sprechen.

Im Freispiel konnten wir feststellen, daß die Kindergartenkinder individuell sehr unterschiedlich auf die behinderten Kinder eingingen. Die meisten Kinder hatten zunächst offenbar eine große Hemmschwelle zu überwinden. Anfangs beobachteten sie interessiert, teils wohl auch etwas verwundert, das Verhalten unseres Besuchs. Einige wenige Kinder aber reagierten ‚mutiger‘ und kümmerten sich liebevoll um die behinderten Kinder. Ich erinnere mich beispielsweise an ein Kind, das sich bei diesem ersten Treffen liebevoll um ein Mädchen bemühte, das im Rollstuhl saß. So fuhr sie z.B. das Mädchen vor der Pause in das Bad, um ihm beim Händewaschen zu helfen. Anschließend fuhr sie es wieder zurück und war ihm beim Essen behilflich.

Insgesamt läßt sich unser erstes Treffen sicher als Erfolg bezeichnen. Als wir die Begegnung hinterher gemeinsam reflektierten, äußerten die Kinder von sich aus den Wunsch nach einem weiteren Treffen. Die Gegeneinladung ließ nicht lange auf sich warten, und so fuhren wir etwa zwei Monate später mit sechs Kindern in die SVE. Zuvor galt es aber noch zu überlegen, was wir unseren Gastgebern mitbringen könnten. Wir einigten uns auf etwas Selbstgebackenes.

Bei diesem ersten Gegenbesuch machten wir die Erfahrung, daß zunächst für unsere Kinder das fremde Spielzeug und die ungewohnten Räumlichkeiten im Vordergrund des Interesses standen. So spielten die Kinder eher ‚nebeneinander‘ als miteinander. Aus diesem Grund hielten wir es für sinnvoll, unseren Kontakt noch auszubauen und mehrere Begegnungstermine pro Jahr zu vereinbaren.

Aus den anfänglichen vier bis fünf Treffen pro Jahr wurde schließlich in den letzten drei Jahren ein regelmäßiges Treffen pro Monat, das jeweils abwechselnd im Kindergarten bzw. in der SVE stattfindet. Erfreulicherweise konnten wir beobachten, daß die Begegnungen allmählich immer ungezwungener wurden. Nach und nach verloren die Kinder ihre anfänglichen Berührungsängste und gingen zunehmend lockerer miteinander um.

So kamen wir schließlich unseren pädagogischen Zielen immer näher: Allmählich lernten die Kinder den richtigen Umgang mit behinderten Kindern. Sie lernten, offen und gelöst, aber auch taktvoll mit ihnen umzugehen. Sie lernten, ihr ‚Anderssein' zu akzeptieren und sie in ihrer Eigenart ernst zu nehmen. Auch die nötigen Hilfestellungen erlernten sie im Lauf der Zeit, und so durften sie die Erfahrung machen, was es bedeutet, für jemanden da zu sein, gebraucht zu werden.

Das anfängliche ‚Begaffen' eines Menschen, der offensichtlich anders ist als wir, wich einem lebendigen Interesse. Die nichtbehinderten Kinder wurden nach und nach sensibilisiert für die Gefühle und Reaktionen behinderter Menschen. Sie lernten, was es bedeutet, Reize an ein schwerstbehindertes Kind weiterzugeben, es zu streicheln und mit ihm zu reden, auch wenn es keine Antwort – in unserem Verständnis – geben kann. Sie haben aber auch Reize zu verstehen gelernt, die von den Schwerstbehinderten ausgingen: so etwa die Bedeutung eines Lächelns oder des Weinens (ähnlich wie bei einem Säugling).

In der SVE haben die Kinder schon tolle Dinge erlebt. Besondere Höhepunkte unserer bisherigen Begegnungen waren ein gemeinsames Grillen, der Besuch im SVE-Hallenbad und in der großen Turnhalle (die wir in unserem eingruppigen Kindergarten leider nicht haben) sowie ein großes Sommerfest für die gesamte SVE.

Zum Schluß möchte ich noch auf die organisatorischen Punkte unserer Kooperation eingehen: Leider können aus Platz- und Organisationsgründen an den Fahrten zur SVE (die vom Kindergarten ca. 15 km entfernt liegt) jeweils nur sechs bis acht Kinder teilnehmen. Während wir in den ersten Jahren verstärkt Schulanfänger mitnahmen, gestaltet sich die Teilnahme inzwischen sehr unterschiedlich. Ein paar Tage vor dem geplanten Treffen entscheiden die Kinder letztendlich selbst, wer mitkommen möchte. Dann wenden wir uns an die Eltern der betreffenden Kinder und bitten sie, uns in Privatautos zur SVE zu fahren. Die Eltern derjenigen Kinder, die mitfahren, unterschreiben zuvor eine Einverständniserklärung. Meistens bleiben die Eltern, die uns fahren, beim Treffen dabei. Sie können bei einer Tasse Kaffee, die ihnen angeboten wird, selbst ein wenig Einblick in die Situation einer SVE erhalten. Daraus ergeben sich auch für die Eltern neue und sicherlich wertvolle Erfahrungen.

Zu Jahresbeginn werden die neuen Kindergartenkinder jeweils vor dem ersten Treffen durch Gespräche, Fotos und Bilderbücher entsprechend vorbereitet. Insgesamt sind wir mit dem Verlauf des Projektes sehr zufrieden. Und so hat sich die Kooperation zwischen SVE und Kindergarten zu einem festen Bestandteil unseres pädagogischen Konzeptes entwickelt."

Neben Kirchengemeinden, Schulen und Einrichtungen für Behinderte gibt es noch andere potentielle Kooperationspartner: Kinder- und Altenheime, Verbände, Sport-, Musik- und Heimatvereine, aber auch andere Kindertageseinrichtungen kommen beispielsweise in Frage. Aber auch Einzelpersonen wie Handwerker oder Künstler sind zu nennen. So beschreibt Susanne Treffer, ehemals Leiterin einer altersübergreifenden Gruppe im Sozialpädagogischen Zentrum St. Leonhard in Regensburg, die langfristige Zusammenarbeit mit einer Töpferin:

„Fast in unmittelbarer Nähe unserer Einrichtung entdeckte ich die Werkstatt der Regensburger Malerin und Töpferin Mariana Steiner. Mein eigener Wunsch, wieder einmal künstlerisch tätig zu werden, und die Vorstellung, daß es eventuell zu einer Zusammenarbeit zwischen ihr und der altersgemischten Gruppe kommen könnte, führte zu einem Besuch bei ihr.

Mariana Steiner und ich fühlten uns sofort gleichgesinnt. Es entwickelte sich ein längeres Gespräch, in dem wir unseren Gedanken freien Lauf ließen, Meinungen über unsere bisherigen Tätigkeiten austauschten, über Sinn und Zweck von Kind und Kunst sprachen und auf uns beiden bekannte Künstler und deren Erfahrungen stießen. Nach einigen Semestern ihres Kunstpädagogikstudiums stand für Mariana Steiner fest, daß sie keine Lehrerin werden wollte. Sie möchte nicht ‚erziehen', um ein Ergebnis zu erzielen, sondern jedem Kind die Möglichkeit geben, seinen eigenen Weg zu erspüren und zu gehen. Sie möchte ihren Schülern eine Art ‚Hebamme' sein und nur daneben stehen, um im richtigen Moment zu helfen.

Nach einer Abstimmung der Eltern im Rahmen eines Elternabends, auf dem Mariana Steiner sich vorstellte, töpferten ab November 1994 regelmäßig vier bis fünf Kinder voller Begeisterung in ihrer Keramikwerkstatt. Die Arbeit in der Töpferei beinhaltete Momente, in denen die Kinder wirklich ihr eigenes ‚Selbst‘ ausleben, an Selbstsicherheit gewinnen und die Chance nutzen konnten, Ideen und Vorstellungen freien Lauf zu lassen – ohne Anweisungen zu erhalten, aber doch in der Gewißheit unserer Hilfestellung.

Der Erfolg zeigte sich in einer große Freude und Spaß am Umgang mit dem Ton. Themen, die gerade im Kindergarten, zu Hause oder für das Kind selbst aktuell waren, flossen in die Arbeiten ein. Auch ohne die Vorgabe eines bestimmten Themas fingen die Kinder an, den Ton als ein formbares Element zu erkennen. Sie überlegten, welchen Zweck und welche Gestalt sie ihm verleihen wollten, und experimentierten mit ihm. Die Kinder kamen schnell auf die Idee, sich schon auf dem Weg zur Werkstatt ihr ‚Werkzeug‘ zu suchen. Stöcke, Grashalme u.a. waren interessante Hilfsmittel für die Mustergestaltung. Die Kinder wurden mit der Zeit immer anspruchsvoller. Sie bestanden darauf, in Ruhe arbeiten zu können, bewiesen Ausdauer und waren sich über die einzelnen Schritte eines längeren Arbeitsvorgangs im klaren.

Wir beobachteten, daß die Töpferaktivität teilweise eine gewisse kompensatorische Wirkung beinhaltete. Kinder, die in einer reizarmen Lebenssituation aufwuchsen, wurden gefördert und angeregt. Sie lernten durch die vielfältigen Möglichkeiten, mit dem Ton umzugehen, sich besser verbal auszudrücken. Andere Kinder wiederum, die in einem sehr überfordernden Erziehungsmilieu aufwuchsen, waren mitunter so gehemmt, zurückgezogen und ängstlich, daß sie nichts ‚leisten‘ könnten. Die daraus resultierenden Aggressionen konnten sie erst einmal am Ton auslassen, um dann schließlich Entspannung und Ruhe zu finden.

Mariana Steiner und ich waren uns darüber einig, Töpfern nicht als ‚leistungsorientiertes‘ Arbeiten, als Produzieren für die Eltern zu betrachten, sondern vielmehr der ‚Aufforderung‘ der Kinder nachzukommen, sich mit ihrer kindlichen Vorstellungswelt auseinanderzusetzen. Diese Erkenntnisse waren der Anlaß dafür, daß wir unsere Kontakte und Zusammenarbeit weiter vertieften. Unser Projekt nahm so über ein Jahr lang einen festen Platz in der Wochenplangestaltung ein und war nicht mehr wegzudenken. Wir schlossen es mit einer Ausstellung ab, die die Kinder mit ihren Kunstwerken gestalteten und zu der auch die Öffentlichkeit eingeladen wurde.“

Der Kindergarten als Gemeinwesenzentrum

Die Öffnung von Kindertagesstätten zu ihrem Umfeld hin kann auch dazu führen, daß Bedürfnisse von Erwachsenen und Kindern entdeckt werden, die der Kindergarten auf unkonventionelle Weise befriedigen kann. So entwickelten sich einige Einrichtungen zu Nachbarschaftszentren mit ganz unterschiedlichen Angeboten und Unterstützungsleistungen weiter, die auch von Außenstehenden genutzt werden können. Zugleich werden sie zu lokalen Begegnungsstätten, die einen wichtigen Beitrag zur Integration von Familien in das Gemeinwesen leisten und die Qualität des Zusammenlebens verbessern.

Vor allem in den neuen Bundesländern wurde eine Weiterentwicklung in Richtung Nachbarschaftszentrum auch durch das Bestreben eingeleitet, bei zurückgehenden Kinderzahlen neue Betätigungsfelder für Erzieherinnen zu erschließen, denen ansonsten gekündigt werden müßte. Schließlich wurde mancherorts diskutiert, ob Kindergartenräume – die schließlich mit öffentlichen Mitteln geschaffen wurden – nicht auch noch anderweitig genutzt werden könnten. Diese Frage wird sicherlich in Zukunft noch häufiger gestellt werden, wenn aufgrund der Bevölkerungsentwicklung auch in den alten Bundesländern immer mehr Gruppenräume leerstehen werden.

Kindergärten, die sich in Richtung Gemeinwesenzentren weiterentwickeln, machen in den eigenen oder benachbarten Räumen z.B. folgende Angebote:

– Stillgruppe
– Krabbelgruppe
– Mutter-Kind-Gruppe
– Handarbeitsnachmittage
– Kochkurs/-club
– Gymnastikkurs/Elternsport
– Hobbygruppe
– Teestube/Café (für Eltern, Nachbarn u.a.)
– Mittagstisch für Eltern, Nachbarn u.a. (gegen Bezahlung)
– Öffnung des Spielplatzes für andere Kinder
– Vorlesenachmittage in der Bibliothek (auch für Schulkinder und Eltern)
– offene Freizeitangebote wie Kinderatelier oder Phantasiewerkstatt
– Ferienaktionen für Schulkinder
– Hausaufgabenhilfe.

Es handelt sich hier immer um Angebote, für die vor Ort ein konkreter Bedarf besteht. Viele kommen ohne Mitwirkung der Erzieherinnen zustande; hier werden nur Räumlichkeiten und eventuell Spielsachen zur Verfügung gestellt. Andere werden von den Eltern in Eigenregie oder von Laienmitarbeiter/-innen durchgeführt. Und bei Angeboten wie Mittagstisch für Schulkinder bzw. Erwachsene oder Ferienaktionen werden vorhandene Ressourcen (Küche) oder freie personelle Kapazitäten (weniger zu betreuende Kindergartenkinder während der Ferien) besser genutzt.

Ein konkretes Beispiel für ein Nachbarschaftszentrum ist das Kinderhaus „Wi-Wa-Wunderland" in Eisenhüttenstadt, das Petra Lorenz in der Zeitschrift EigenSinn (Heft 3/95, S. 2-3) wie folgt vorstellte:

„Wichtigster Ansatzpunkt für die Erarbeitung einer neuen Konzeption war die Analyse der Lebensbedingungen in unserem Wohngebiet: Es leben hier viele junge Familien mit Kindern unter 14 Jahren, die kaum Möglichkeiten für eine sinnvolle Freizeitgestaltung hatten. Viele Eltern sind arbeitslos, finanziell besser Gestellte ziehen weg. Die älteren Leute leben isoliert in ihren Wohnungen, insgesamt haben Familien untereinander kaum Kontakt. Auch zu anderen Institutionen und Vereinen, die sich im Wohngebiet gegründet hatten, bestanden sehr wenig Beziehungen. Das bestärkte uns in dem Anliegen, die Einrichtung als Anlaufpunkt und als Lebensstätte für Kinder und als Begegnungsstätte für Bürger des Wohngebietes umzugestalten. Die Anwohner sollten sich mit dem Kinderhaus als Treffpunkt für klein und groß identifizieren. Dazu wollten wir die Eltern, andere Bewohner und eine breite Öffentlichkeit als Partner gewinnen.

Zunächst einmal steht unser Haus allen Kindern von 1 1/2 bis zu 12 Jahren als ganztägiges Betreuungsangebot zur Verfügung. Zur Zeit leben und lernen hier 184 Kinder in altersgemischten Kindergarten- und Hortgruppen. ...

Für Kinder bis zu 14 Jahren steht ein Freizeitbereich offen. Zur Zeit nutzen ca. 40 bis 50 Kinder für einen Unkostenbeitrag von monatlich fünf Mark die umfangreichen Angebote. Die Kinder kommen gern zu uns, können sie doch hier ihre unterschiedlichsten Wünsche und Interessen verwirklichen. Es gibt einen Sportraum, wo man sich vielfältig körperlich belasten kann. Dies ist auch auf dem Freigelände möglich. Man kann auch Tischtennis und Billard spielen, sich am Computer ausprobieren, Musik hören und vielfältig kreativ-künstlerisch tätig sein. Zur Zeit richten sich die Ältesten einen Clubraum ein, in dem man gemütlich quatschen und kleine Feste feiern kann. Gern besucht sind die Interessengruppen wie ‚Kochen und Backen',‚Tanzen',‚Werken',‚Fotografie'.

Für diesen Freizeitbereich ist zwar eine Erzieherin zusätzlich beschäftigt, dennoch war uns von Beginn an bewußt, daß ein solches vielseitiges zusätzliches Angebot nur in enger Zusammenarbeit mit den Eltern, mit ehrenamtlichen Kräften sowie Vereinen zu verwirklichen ist. Zur Zeit arbeiten bei uns 13 ehrenamtliche Kräfte. Unterstützung erhalten wir auch durch die

Mobile Suchtberatung, Pro Familia, Ernährungsberater, Umweltschützer, den Tierschutzverein, die Musikschule u.v.a. Wichtig ist uns dabei, daß die Kinder auch ihre Erfahrungen mit männlichen Partnern brauchen.

Erwähnenswert ist unser Mittagessenangebot für die Kinder aus dem Wohngebiet, das gern in Anspruch genommen wird. Weiterhin bietet das Kinderhaus für Eltern, welche das Erziehungsjahr nutzen oder deren Kinder keine Einrichtung besuchen, die Krabbelbox an. Diese ist täglich von 9 Uhr bis 15.30 Uhr geöffnet. Zu einem Stundensatz von 1,- DM werden die Kinder hier stundenweise betreut. Man trifft sich zum Müttertreff, wo sich neben einer festangestellten Kraft u.a. auch ehrenamtliche Helfer engagieren. Eine Therapeutin, Sozialarbeiterin und Ärztin helfen den Eltern bei der Erziehung ihrer Kinder. Man kann sich auch nur zum Kaffeeklatsch treffen und dadurch neue Kontakte knüpfen.

Zur Zeit denken wir gemeinsam mit dem Förderverein darüber nach, einen Raum für einen Elterntreff einzurichten, in dem sich Eltern unkonventionell treffen und miteinander reden, vielleicht auch Selbsthilfe organisieren können. Wir denken in diesem Zusammenhang auch an eine Bibliothek für Kinder, Jugendliche und Eltern.

Natürlich feiern wir auch viele Feste in unserem Kinderhaus, die alle Bewohner, Kinder, Jugendliche, Eltern und ältere Leute unseres Wohngebietes vereinen. So kann man sagen, daß unser Haus zu einem kulturellen Mittelpunkt des Stadtteils geworden ist.

...

Auch in der Arbeit mit den Eltern haben wir manchmal Rückschläge einstecken müssen. Ohne unsere Initiative passierte kaum etwas, immer wieder sind es wir, die Anregungen geben, die Initiative ergreifen müssen. Viel versprechen wir uns von den Elterntreffs, wo Eltern für Eltern Zusammenkünfte verschiedenster Art organisieren können. Ich denke, daß die größten Erfolge in unserer Arbeit dadurch gegeben sind, daß jede Erzieherin den ihr gegebenen Freiraum nutzt, um sich im Rahmen unserer Konzeption selbst auszuprobieren. Dadurch werden viele Initiativen freigesetzt."

Fördervereine

Wie im letzten Beispiel schon angedeutet, sind die Weiterentwicklung von Kindergärten zu Gemeinwesenzentren oder aus dem üblichen Rahmen fallende Angebote in der Regel nur möglich, wenn zusätzliche Finanzierungsquellen erschlossen werden – wie z.B. durch einen Förderverein (Alternativen sind die Erhebung von Teilnehmerbeiträgen, das Einwerben von Spenden, „social sponsoring", die Beantragung öffentlicher Mittel u.a.). Die Ziele eines solchen Vereins sind vor allem die Förderung der Belange des Kindergartens und seines Ansehens in der Gesellschaft, die ideelle, personelle und finanzielle Unterstützung der pädagogischen Arbeit und von besonderen Vorhaben (Projekte, neue Angebote, Anschaffungen usw.) und die Aufrechterhaltung des Kontakts zu ehemaligen Kindergarteneltern. Der Verein kann auch bei Betrieben, Geschäften und Einzelpersonen um Spenden bitten und – wenn er als gemeinnützig anerkannt ist – Spendenquittungen ausstellen.

Mitglieder des Fördervereins können Eltern (auch ehemaliger Kindergartenkinder), interessierte Mitbürger, der Bürgermeister, Gemeinderäte, der Pfarrer und die Erzieherinnen selbst sein. Zudem kann der Verein eigene Veranstaltungen im Kindergarten oder in anderen Räumen durchführen, die das Angebot der Einrichtung ergänzen und erweitern. Wie beim Elternverein der Kindertagesstätte „Die Wurzel" in Magdeburg kann sich ein aktives Vereinsleben mit Kegel- und Tanzabenden, Aerobic-Kursen und Klausurtagungen entwickeln. Der Verein „Offenes Astwerk" in Tiefenbach-Ast widmet sich besonders der Kinderkulturarbeit, indem für Kindergarten- und Schulkinder Spielplatzfeste, Musiknachmittage und besondere Ferienprogramme durchgeführt werden. Auch setzte er die Schaffung von zwei kindgerechten öffentlichen Spielplätzen durch. Deutlich wird, daß durch Fördervereine die Öffnung von Kindertagesstätten zu ihrem Umfeld vorangetrieben werden kann und daß sie zu deren Einbettung in das Gemeinwesen beitragen.

Haben sich mehrere Erwachsene gefunden, die gemeinsam einen Kindergartenverein gründen wollen, so müssen sie förmlich oder informell zu einer Gründungsversammlung eingeladen werden. Wie es dann weitergeht, beschreibt der Jurist Wolfgang Bott (1992, S. 23):

„Die Aufgaben dieser Gründungsversammlung bestehen im wesentlichen darin, den vorgelegten Entwurf nach entsprechender Diskussion als Satzung zu verabschieden und den ersten ggf. vorläufigen Vereinsvorstand zu wählen. Eine Beschlußfähigkeitsregelung gilt für diese Gründungsversammlung grundsätzlich nicht; lediglich für den Fall, daß alsbald die Eintragung im Vereinsregister angestrebt wird, sind nach § 56 BGB mindestens 7 Mitglieder und nach § 59 Abs. 3 BGB die Unterzeichnung der Satzung von mindestens 7 Mitgliedern erforderlich.
...

Für den Fall, daß der Förderverein nur als sog. Idealverein im Sinne von § 21 BGB geführt werden soll, ist mit dem Beschluß über die Satzung und deren Inkrafttreten die für die Vorstandsarbeit erforderliche Rechtsgrundlage gegeben, weiterer rechtlich vorgegebener Schritte bedarf es dann nicht. Lediglich für den Fall, daß eine Eintragung des Vereins beim zuständigen Amtsgericht als Registergericht angestrebt wird, sind weitere Schritte erforderlich. Eine solche Eintragung hat folgende Rechtswirkung:

– Der Verein erlangt gemäß § 21 BGB Rechtsfähigkeit, was ihm zumindest im Privatrechtsverkehr im wesentlichen dieselben Rechte eröffnet wie jeder natürlichen Person.
– Der Verein erlangt, soweit er gemeinnützige/nicht wirtschaftliche Ziele verfolgt, die Berechtigung, Zuwendungen als steuerlich absetzbar zu quittieren; dabei sind auch die Mitgliedsbeiträge natürlicher Personen als Sonderausgaben steuerlich absetzbar.
– Der Verein unterscheidet sich durch seine satzungsgemäß fixierte Zweckbestimmung von anderen eher personenbezogenen Vereinigungen.

Zur Eintragung im Vereinsregister sind folgende Schritte durchzuführen:

1. Beschluß einer Satzung des Fördervereins, die gemäß § 57 BGB mindestens Angaben über Zweck, Namen, Sitz und das Bestreben, eine Eintragung im Vereinsregister zu begehren, enthalten muß, wobei der Name so zu wählen ist, daß Verwechslungen mit anderen Vereinigungen am Ort möglichst vermieden werden.
Darüber hinaus soll die Satzung gemäß § 58 BGB Angaben über Ein- und Austritt der Mitglieder, Beitragspflichten der Mitglieder, Bildung des Vorstands und über Voraussetzungen der Berufung von Mitgliederversammlungen, der Form dieser Berufung und die Beurkundung der Beschlüsse von Mitgliederversammlungen enthalten.

2. Meldung des Vereins zur Eintragung beim örtlich zuständigen Amtsgericht gemäß den §§ 55 und 59 BGB durch den Vereinsvorstand; der Meldung ist nach § 59 Abs. 2 beizufügen:

– die Satzung in Urschrift und Abschrift sowie eine Abschrift der Urkunde über die Wahl des Vorstandes.
– Die Satzung ist gemäß § 59 Abs. 3 BGB von mindestens 7 Mitgliedern unter Angabe des Errichtungstages zu unterzeichnen.
– Die Meldung ist gemäß § 77 BGB in öffentlich beglaubigter Form vorzunehmen, das heißt, alle Unterschriften sind entweder vor einem Notar oder vor einem Amtsgericht zu leisten und von diesem zu beglaubigen.

3. Mit der Eintragung im Vereinsregister erhält der Verein gemäß § 65 BGB den Zusatz e.V. und erwirbt die dargestellten Rechte. Die Eintragung wird gemäß § 66 Abs. 1 BGB bekanntgemacht und die Satzungsurschrift mit Eintragungsvermerk gemäß § 66 Abs. 2 BGB zurückgegeben.

4. Nach der Eintragung bedarf jede Veränderung im Vorstand gemäß § 67 BGB und jede Satzungsänderung gemäß § 71 Abs. 1 der Anmeldung zur Eintragung im Vereinsregister, wofür das vorstehend geschilderte Verfahren gilt.

5. Danach ist beim zuständigen Finanzamt lediglich eine Bescheinigung über die Gemeinnützigkeit durch Vorlage der eingetragenen Satzung einzuholen."

Nun kann der Verein aktiv werden, die Öffnung des Kindergartens nach außen hin unterstützen, zusätzliche Mittel „einwerben", die pädagogische Arbeit und besondere Aktivitäten der Fachkräfte ideell, personell und materiell fördern, Geräte und Materialien zur Verfügung stellen usw.

6. Vernetzung

Ingeborg Becker-Textor

Vielleicht stellt sich mancher Leser/manche Leserin die Frage, was denn Vernetzung mit dem Kindergarten zu tun habe. Handelt es sich bei dem Begriff „Vernetzung" doch scheinbar um einen Terminus aus der Technik, wie z.b. „Stromnetz" und „ans Netz gehen", oder aus der Kommunikation, im Sinne von „Kommunikationsnetz", Möglichkeiten des Informations- und Datenaustausches.

In die soziale Arbeit und die Felder der Sozialpädagogik hat etwa Mitte dieses Jahrhunderts der Begriff „Netzplantechnik" Eingang gefunden – im Sinne von Methoden zur Planung, Steuerung und Überwachung von komplexen Abläufen bei Einzelprojekten, die innerhalb eines begrenzten Zeitraumes zu Ergebnissen führen sollen. Wie für die Vorschulerziehung der sogenannte „Sputnik-Schock" ein wesentlicher Impulsgeber war, so hat auch die Netzplantechnik einen ähnlichen Ursprung: „Die Technik wurde 1957/1958 erstmals in den USA von der US-Marine zur Planung und Überwachung des Polaris-Raketenprojektes verwandt." (Kühn 1980, S. 538)

Wird versucht, einen Netzplan graphisch darzustellen, so spielen zwei Pole eine wichtige Rolle: zum einen die Ausgangslage und zum anderen das Ergebnis am Ende einer Aktivität oder eines Projektes. Dazwischen liegen viele Prozesse, die ganz unterschiedlich zeitintensiv sein können und verschiedenster Handlungsstrategien und Methoden bedürfen. Pfeile signalisieren, wohin der Weg gehen soll, verweisen also auf Ziele. Den Prozeßverlauf kennzeichnen dann Verknüpfungen, aber auch weitere Aufspaltungen. Es entsteht so in der Graphik sehr schnell der optische Eindruck eines Netzes. Das Netz symbolisiert die Zusammenhänge zwischen Aktivitäten, deren Einflüsse auf das weitere Vorgehen und die Abhängigkeit einzelner prozeßhafter Entwicklungen voneinander.

Die Netzplantechnik hat in den letzten Jahrzehnten auch im Bereich der sozialen Arbeit immer mehr an Bedeutung gewonnen und spielt heute in der Jugendhilfeplanung ebenso wie beim Erstellen individueller Hilfepläne eine wichtige Rolle. Wird die Trias „Bildung – Erziehung – Betreuung" in Kindertageseinrichtungen ernst genommen, so geht es auch dort nicht ohne Netzplantechniken und ohne Vernetzung. Gerade bei der Diskussion um die Qualität der pädagogischen Arbeit und um die Konzepte von Kindertageseinrichtungen kann Netzplanarbeit und damit die Offenheit für Vernetzung hilfreich sein, um die eigene Alltagsarbeit im Kontext der pädagogischen Ziele zu reflektieren und um Impulse zu erkennen, die bisher nicht wahrgenommen wurden.

„Die Netzplantechnik eignet sich vor allem für die sogn. ,operative Planung', d.h. für die Projektdurchführung und die Zeitplanung der Projekte. Sie erleichtert die Übersichtlichkeit zum Projektstand, Störungen lassen sich in ihren Auswirkungen erkennen, und die Projektbeteiligten werden zur Koordination gezwungen." (Kühn 1980, S. 539)

Für Kindertageseinrichtungen hat dies eine doppelte Bedeutung: zum einen was die Kooperation mit andere Diensten und Einrichtungen betrifft, zum anderen aber auch was die Projektarbeit mit Kindern angeht. Auf die Kinder bezogen wird bei so manchem Projekt deutlich, daß es nur das Projekt der Erzieherinnen ist und an den Interessen der Kinder vorbeigeht. Die Erzieherinnen können aber auch richtungsweisende Impulse der Kinder aufnehmen, und so gelingt ein Projekt, in dem sich alle Beteiligten nicht nur wiederfinden können, sondern auch wohlfühlen sowie sich mit Begeisterung und Engagement auf das gemeinsame Ziel zubewegen. Im folgenden soll nun auf den Bereich der Vernetzung vom Kindergarten mit anderen Institutionen und Angeboten der Jugendhilfe sowie mit psychosozialen Diensten näher eingegangen und an einem konkreten Beispiel die Notwendigkeit und die Möglichkeiten der Vernetzung aufgezeigt werden.

Vernetzung mit sozialen Diensten rund um den Kindergarten

Das Nachdenken über Vernetzung hat seinen Ursprung leider meist in der scheinbaren Unlösbarkeit von Problemsituationen. So stößt z.B. der Kindergarten X. im Fall von Kind A. – es zeigt starke Verhaltensauffälligkeiten – an seine Grenzen. Die wenigen heilpädagogisch ausgerichteten Interventionsstrategien, die der Erzieherin durch Aus- und Fortbildung bekannt sind, hat sie bereits ohne nennenswerten Erfolg eingesetzt. Sie stellt sich die Frage, ob es an ihrer eigenen Handlungskompetenz liegt, ob sie vielleicht doch eine heilpädagogische Zusatzqualifikation anstreben sollte oder ob sie nicht durch die Ko-operation mit anderen Unterstützung und Hilfe für sich selbst, das Kind und seine Familie erhalten könnte. Die Akzeptanz der eigenen Grenzen und der Grenzen im Kindergartenteam ist der erste Schritt oder der Ausgangspunkt zur Vernetzung und die Basis für den Netzplan.

In der Ausbildung kann insbesondere durch Persönlichkeitsbildung der Grundstein dafür gelegt werden, daß es der Erzieherin im Praxisfeld (leichter) gelingt, die eigenen Grenzen zu erkennen und zuzulassen, dies nicht als eigenes Versagen zu empfinden oder es als Mangel der Ausbildung zu deklarieren. Auch ein Grundwissen über die Möglichkeiten der Jugendhilfe und anderer psychosozialer Dienste erweist sich als unverzichtbar in konkreten Alltagssituationen. Die Erzieherin kann, darf und muß nach der abgeschlossenen (Breitband-)Ausbildung nicht perfekt sein, aber sie sollte offen und kooperationsbereit agieren. Dies gilt im übrigen auch für alle Mitarbeiter/ -innen in psychosozialen Einrichtungen und Diensten. Kooperation muß freiwillig sein; eine erzwungene Zusammenarbeit verhindert oder stört gemeinsam zu verantwortende Prozesse. Im Kindergarten muß Vernetzung auch nicht erst neu erfunden werden. Die Partner sind vorhanden, jedoch kennt man sie oft nur oberflächlich oder gar nicht. Vernetzung schafft Beziehungen und umgekehrt.

Erinnern wir uns an ein Spinnennetz in der Natur. Hauchdünn und empfindlich sind seine Fäden. Ein starker Luftzug kann es zerreißen. In der Dunkelheit oder bei trübem Wetter sind die Fäden oft gar nicht zu erkennen, im Sonnenlicht glitzern und strahlen sie, werden zu einem Kunstwerk. Wie in der Natur stellt sich auch Vernetzung rund um den Kindergarten dar. Werden wir von Problemen überrollt, so erkennen wir oft nicht die nächstliegenden Hilfemöglichkeit – obwohl wir wissen, daß es das Jugendamt, die Erziehungsberatungsstelle, die Frühförderstelle u.a. gibt. Wir sollten deshalb „bei gutem Wetter" den Gedanken der Vernetzung aufgreifen und uns über Hilfsangebote informieren, bevor eine akute Situation sofortige Hilfe erfordert. Wie kann dies geschehen?

Theresia Gerhard, Leiterin eines Kindergartens, und Christine Schubert, Leiterin eines Schulkindergartens, arbeiten im gleichen Stadtteil. Sie haben versucht, das vorhandene Netzwerk im Umfeld ihrer Einrichtungen darzustellen:

Vernetzung rund um den Kindergarten

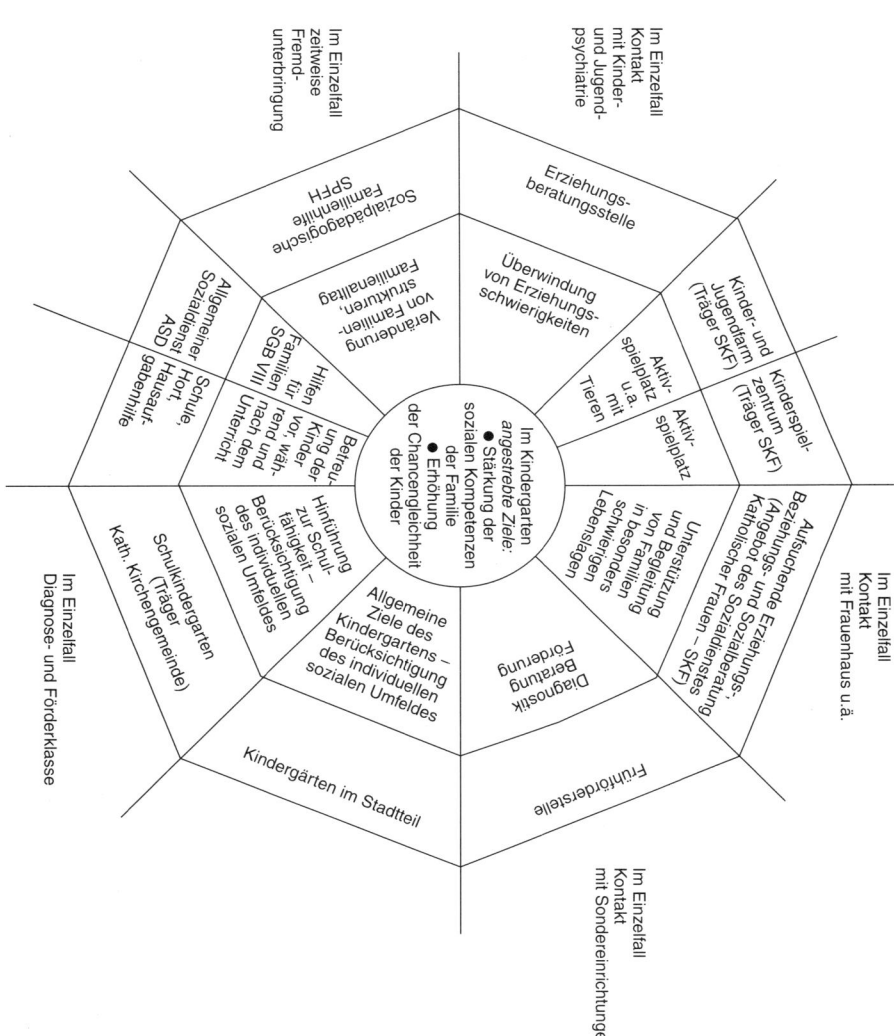

Im Mittelpunkt der Abbildung stehen die zentralen Ziele der beiden Einrichtungen: (1) die Stärkung der sozialen Kompetenz der Familien und (2) die Erhöhung der Chancengleichheit der Kinder (Anmerkung: Beide Einrichtungen liegen in einem sogenannten sozialen Brennpunkt). Der Kindergarten allein kann diese Ziele nur schwer erreichen: Er braucht Verbündete, Kooperationspartner und vor allem auch den wechselseitigen Austausch mit allen sozialen Kräften, die ebenfalls im Stadtteil im Bereich der Kinder- und Familienarbeit aktiv sind. Diese kann er mancherorts z.B. bei regelmäßigen Stadtteilkonferenzen finden. Hier treffen sich Mitarbeiter/-innen aus den Kindergärten, der Erziehungsberatung und der Frühförderung, dem Allgemeinen Sozialdienst (ASD), dem Kinderzentrum, der Sozialpädagogischen Familienhilfe (SPFH), der Schule, der Drogenberatung, dem Jugendamt etc. Nicht an jedem Treffen nehmen alle teil; das jeweilige Schwerpunktthema ist ausschlaggebend.

Wie sieht nun das Netz aus, das sich um den Kindergarten spannt? Die zuvor dargestellte Graphik soll nun näher erläutert und um zusätzliche Gesichtspunkte erweitert werden: Da gibt es das Kinderspielzentrum bzw. den Aktivspielplatz. Kinder im Grundschulalter lernen hier (unter „lockerer" Anleitung durch Heil- und Sozialpädagogen), ihre Freizeit sinnvoll zu gestalten. Gleichzeitig finden sie Ansprechpartner für familiäre oder schulische Schwierigkeiten, können eigene Probleme erkennen, bearbeiten und kompensieren. Sie entdecken ihre eigenen Fähigkeiten, erhalten Bestätigung und Anerkennung – was sich wiederum auf ihr Sozialverhalten und ihre soziale Kompetenz auswirkt. Der Kindergarten kann bereits auf den Besuch dieses Angebotes vorbereiten und trägt damit zur erzieherischen Kontinuität bei. Mit den älteren Kindergartenkindern werden Besuche im Kinderspielzentrum geplant und durchgeführt, auch die Eltern werden über diese Möglichkeit informiert. Der Kindergarten weiß so, daß all seine Bemühungen nicht mit der Einschulung der Kinder einfach enden, sondern in Ergänzung zur Schule fortgeführt werden können. Ähnliches gilt auch für die Kinder- und Jugendfarm. Sie ist den Kindern schon vom Kindergarten her durch regelmäßige Besuche vertraut. Vielleicht haben sie z.B. bereits regelmäßig für die Betreuung von Tieren Verantwortung übernommen.

Die Sozialpädagogische Familienhilfe (SPFH) hilft Familien, ihre Struktur zu verändern und dadurch einen Weg aus scheinbar unlösbaren Problemlagen zu finden. Es reicht nicht das alleinige Angebot der SPFH schlechthin; es müssen vielmehr alle Beteiligten zu enger Kooperation bereit sein. Ist dies der Fall, dann gelingt es Familien, ihre Situation zu verbessern. Auch der Kindergarten kann bei diesem Prozeß ein wichtiger Partner sein, wenn ein oder gar mehrere Kinder ihn besuchen. Natürlich bedarf es immer der Zustimmung der Eltern, wenn der Kindergarten in Maßnahmen eingebunden werden soll. Stimmen Eltern nicht zu, können keine Fallbesprechungen stattfinden.

Der Allgemeine Sozialdienst (ASD) unterstützt Familien und initiiert eventuell für ihr Kind bzw. ihre Kinder den Besuch des Kindergartens – im Einzelfall auch die Kostenübernahme der Kindergartengebühren, wenn nur so der notwendige Kindergartenbesuch sichergestellt werden kann. Soll es zum Austausch zwischen Kindergarten und ASD kommen, so muß auch hier das Einverständnis der Eltern vorliegen und der Datenschutz Berücksichtigung finden.

Die Betreuung von Kindern vor oder nach dem Unterricht und ihre Erziehung machen nicht nur die Kooperation zwischen Schule und Hort unverzichtbar, sondern auch den Kontakt mit dem Kindergarten. Im Kindergarten ist bereits bekannt, welches Kind auch nach der Einschulung einer weiteren Betreuung außerhalb der Schule bedarf. Nicht selten sind Eltern – gerade in sozialen Brennpunkten – nicht in der Lage, die außerschulische Betreuung zu initiieren und einen Platz in einem Hort zu suchen, oder sie erkennen überhaupt nicht die Notwendigkeit einer solchen Maßnahme für ihr Kind. Hier kann bereits der Kindergarten vorarbeiten und sogar Initiator von Angeboten werden. Nach dreijähriger Erfahrung mit dem Kind und seinem Elternhaus kommt ihm eine ganz wesentliche Verantwortung hinsichtlich der Vermittlung eines außerschulischen Betreuungs- oder gar Förderangebotes zu. Besonders problematisch ist oft die fehlende Betreuung vor Beginn des Unterrichts. Es wäre hilfreich, wenn dann das eine oder andere Kind für kurze Zeit in dem ihm vertrauten Kindergarten betreut werden könnte.

Oft äußern Eltern auch bereits im Kindergarten die besorgte Frage, wie sie denn künftig die Schulferien überbrücken könnten. Hier kann die Erzieherin auf Angebote wie das schon genannte Spielzentrum, auf die Stadtranderholung oder auf Ferienmaßnahmen der Wohlfahrts- und Jugendverbände hinweisen. Der Kindergarten genießt bei Familien ein großes Vertrauen, so daß Eltern Anregungen und Vorschläge eher annehmen.

Immer mehr Sechsjährige haben noch nicht die notwendige Schul-
fähigkeit und können deshalb nicht eingeschult werden. Für sie wird
der Schulkindergarten zu einer wichtigen Institution. In der Kleingruppe der Gleichaltrigen kann hier auf Entwicklungsverzögerungen
und Defizite mit sozial- und heilpädagogischen Förderangeboten eingegangen werden. Im Schulkindergarten steht nicht die kognitive Entwicklung der Kinder im Vordergrund, sondern vielmehr die Erlan-
gung sozialer Kompetenzen, die Überwindung von Konzentrations-
mängeln und von Sprachdefiziten, aber auch von Störungen im sozial-
emotionalen Bereich. Eltern muß die Arbeitsweise des Schulkindergartens in ganz besonderer Weise transparent gemacht werden. In intensiven Elterngesprächen sollten sie auch Impulse für die häusliche
Erziehung erhalten. Nur so können einseitige Trainingsprogamme in
der Familie vermieden werden. Auch sollten die Eltern erkennen, daß
ihr Kind kein Versager ist, aber in Teilbereichen besondere Hilfe
braucht.

Wird Vernetzung als Ziel angestrebt, so müssen auch alle Kindergärten in einem Stadtteil oder einer (kleineren) Kommune kooperieren. Jeder Kindergarten arbeitet mit anderen konzeptionellen Ansätzen und spricht damit Eltern in unterschiedlicher Weise an. Oft konzentrieren sich z.B. alle ausländischen Familien auf einen Kindergarten. Deutsche Familien meiden dann diesen Kindergarten aus der
Angst heraus, daß die Sprachförderung ihrer Kinder zu kurz käme.
Eine solche Entwicklung sollte durch Absprachen zwischen den Kindergärten verhindert werden. Gegebenenfalls können auch kindergar-
tenübergreifende Angebote entwickelt werden. Ferner kommt der
kollegialen Beratung der Kindergärten untereinander eine immer
größer werdende Bedeutung zu. Ein offenes Aufeinander-Zugehen ist
unverzichtbar.

Die Frühförderstelle ist Partner des Kindergartens im Bereich der
Diagnostik, Förderung und Beratung – und zwar nicht nur auf behinderte Kinder bezogen. Durch den multidisziplinären Ansatz und ein
multiprofessionelles Team wird die Frühförderstelle zu einem zentralen „Knotenpunkt" im Netz rund um den Kindergarten. Dies gilt auch
für die Elternarbeit und für den Bereich der Kompetenzerweiterung
von Erzieherinnen. Ein Ausbau der Frühförderstellen wäre bundesweit wünschenswert.

In der Graphik wurden weiterhin aufsuchende Erziehungs-, Bezie-
hungs- und Sozialberatung von den beiden Kindergartenleiterinnen

genannt. Es geht dabei um die Unterstützung von Familien in besonderen Lebenslagen. Da der Kindergarten in vielen Fällen die erste Anlaufstelle – insbesondere für Mütter – ist, wird er hier zum Vermittler. Der Kindergarten kann und soll Familienprobleme, die an die Erzieherin herangetragen werden, in der Mehrzahl nicht lösen. Seine Aufgabe liegt in der schon genannten Vermittlung und im vermittelnden Gespräch – eventuell auch in der Rolle als Moderator. Manchmal muß die Erzieherin auch von sich aus aktiv werden, wenn sie im Umgang mit dem Kind und durch sein Verhalten gespürt hat, daß erhebliche familiäre Probleme vorhanden sein müssen.

In dem Netzwerk rund um den Kindergarten kommt dem Jugendamt eine herausragende Bedeutung zu, denn dort werden viele der vorgenannten Dienste vermittelt, koordiniert und die notwendigen finanziellen Ressourcen für sie zur Verfügung gestellt. Es ist also an der Zeit, daß der Kindergarten das Jugendamt aus einer neuen Perspektive wahrnimmt und als „Amt für Kinder, Jugendliche und Familien" erkennt. Natürlich müssen auch die Jugendämter ihren Beitrag zum Abbau des ihnen noch immer anhaftenden Negativ-Images als „Eingriffsbehörde" leisten. Hier ist derzeit viel positive Bewegung erkennbar.

Vor einigen Jahren führte ich in einer Großstadt Fortbildungen zum Thema „Braucht der Kindergarten das Jugendamt?" durch. Ich war entsetzt, wie wenig Erzieherinnen über die Arbeit im Jugendamt und über die möglichen Hilfen für Kinder und Familien wußten. Ich halte es für dringend erforderlich, daß Jugendamtsleiter in Leiterinnenkonferenzen oder bei Fortbildungen ihr Amt für Kindertageseinrichtungen transparent machen. Anhand anonymisierter Fallbeispiele kann die Arbeit des Jugendamtes dargestellt werden. Dies würde nicht nur die Vernetzung vorantreiben, sondern auch die Angst abbauen, sich bei konkreten Fällen an das Jugendamt zu wenden. Dies verdeutlicht folgender Bericht einer Erzieherin:

„In meiner Gruppe ist ganz sicher ein Kind, das in der Familie nicht nur Gewalt erlebt, sondern auch sexuell mißbraucht wird. Beim Umziehen zum Turnen habe ich schon mehrmals blaue Flecken am Rücken entdeckt. Vorsichtig habe ich die Mutter darauf angesprochen. Sie wich mir aus. Seither kommt das Kind entweder nicht am Turntag, oder es trägt ein langärmeliges T-Shirt und erklärt, daß ihm der Turnanzug zu kalt sei. Mehrmals hat es beim Rollenspiel in der Puppenecke erklärt, daß Mädchen besser bei Pa-

pas angekuschelt schlafen, weil es da wärmer sei. Auf die Gegenargumente anderer Kinder erklärte es mit starrem Blick: ,Doch, das muß sein. Mein Papa weiß das!' An das Jugendamt habe ich mich nicht gewandt, ich befürchte, daß ich dann irgendwann vor Gericht stehe, wenn an der Sache wirklich etwas dran ist. Außerdem ist dann das Vertrauensverhältnis zum Kind und zur Mutter gestört."

Dieses Beispiel macht deutlich, wie wichtig für Erzieherinnen Kenntnisse über die Arbeit des Jugendamtes sind. Es war gut, daß die Erzieherin so offen über dieses Kind berichtete sowie ihre Ängste und Unsicherheiten deutlich ausdrückte. In der Folgeveranstaltung zu meiner Fortbildung wurde der Fall von einer Mitarbeiterin des zuständigen Jugendamtes aufgegriffen und das Handeln des Jugendamtes im Falle von Gewalt oder sexuellem Mißbrauch an einem Kind offengelegt.

Im Einzelfall kann Vernetzung auch noch mit weiteren sozialen Diensten notwendig werden: mit der Suchtberatung, den Anonymen Alkoholikern, der Schwangerenberatung, dem Sozialamt, dem Wohnungsamt, dem Arbeitsamt, ambulanten Diensten der Alten- und Familienhilfe etc. Es wäre daher sinnvoll, wenn die Kindergärten in einem Landkreis, einer Stadt oder einer überschaubaren Region gemeinsam auf die Suche nach Hilfen und Angeboten gehen würden, die für die Arbeit mit Eltern und Kindern, aber auch für die Erzieherinnen selbst Relevanz haben könnten. Eine solche Erhebung muß regional erfolgen, da die Versorgung mit psychosozialen Diensten sehr unterschiedlich sein kann. Auch überregionale Angebote dürfen dabei nicht ganz außer acht gelassen werden: Ein medizinisches Kinderzentrum, ein Kinderschutzhaus oder die Kinder- und Jugendpsychiatrie können für den Kindergarten durchaus wichtig sein. Wie intensiv der Kontakt oder gar eine Vernetzung ausgestaltet werden muß, ist von Kindergarten zu Kindergarten unterschiedlich – je nach den Problemlagen der Kinder und ihrer Familien.

Da das Thema Vernetzung nicht nur im Zusammenhang mit der Öffnung des Kindergartens aktuell ist, sondern den gesamten Bereich der Jugendhilfe wie ein roter Faden durchzieht, kann davon ausgegangen werden, daß es immer mehr vernetzungsbereite Partner gibt. Inwieweit Vernetzung letztlich jedoch wirklich zufriedenstellend gelingt, wird nach wie vor von den Menschen abhängen, die in den einzelnen Feldern arbeiten, insbesondere von ihrer Bereitschaft zur Öffnung und Kooperation.

Am Beispiel der Familie S. soll nun die Bedeutung der Vernetzung verdeutlicht werden:

Herr S. ist 32 Jahre alt, Ingenieur, z.Zt. arbeitslos. Frau S. ist 28 Jahre alt und von Beruf Bürokauffrau. Sie ist berufstätig und kommt für den Familienunterhalt auf. Mit 17 Jahren hat sie das Gymnasium abgebrochen, Zwillinge geboren und einen 25 Jahre älteren Mann geheiratet. Die Ehe wurde nach drei Jahren geschieden, die Kinder verblieben beim Vater. Frau S. wurde als erziehungsunfähig hingestellt. Nach der Scheidung begann sie eine Lehre. Mit 21 Jahren heiratete sie Herrn S. Trotz Schwangerschaft erreichte sie noch vor der Geburt des Kindes den Berufsabschluß. Das gemeinsame Kind Tim ist mittlerweile sechs Jahre alt und besucht den Kindergarten.

Seit der Vater arbeitslos ist, verstärken sich die Auffälligkeiten von Tim. Seit bei Tim eine Entwicklungsverzögerung insbesondere im sprachlichen Bereich diagnostiziert wurde, beschäftigt sich der Vater täglich mehrere Stunden mit Tim. Zudem will er nachweisen, daß er seine Zeit daheim nützlich zubringt. Die Situation, daß seine Frau arbeitet und er daheim ist, kann er bei seinem traditionellen Rollenverständnis nicht verkraften. Die Spannungen in der Familie sind erheblich, zumal sich Frau S. auch noch Vorwürfe macht, daß sie bei der Scheidung nicht genug um die Zwillinge gekämpft habe. Sie hat keinen Kontakt mehr zu den Kindern; ihre frühere Familie ist ins Ausland verzogen. Eines Tages hat sie sich der Erzieherin anvertraut und ihre ganze Problematik offengelegt.

Es wäre nun einfach zu sagen: Was geht das den Kindergarten an! Der Kindergarten teilt sich aber die Erziehungsverantwortung mit den Eltern, soll die familiäre Erziehung ergänzen und unterstützen. Im Fall von Familie S. sind – damit dies gelingen kann – verschiedene Hilfen notwendig: Frau S. braucht Hilfe, um mit der Trennung von den Zwillingen fertig zu werden. Herr S. braucht Beratung in bezug auf Berufschancen oder eine eventuelle Umschulung. Beide Ehepartner müssen lernen, über Probleme zu sprechen und gemeinsam nach Lösungen zu suchen. Für Tim sind Angebote der Frühförderung und eventuell die Zurückstellung vom Schulbesuch sowie der Besuch eines Schulkindergartens angezeigt. Eine Schuldnerberatung könnte helfen, die prekäre Finanzsituation zu überwinden.

Eine Vielzahl von Problemen belastet die Familie. Das gemeinsame Kind Tim wird zum Symptomträger und entwickelt immer mehr Störungen. Geschieht nichts, so wird unter Umständen irgendwann die Trennung der Eltern folgen, das Kind aufgrund der Verhaltensauffälligkeiten in die Sonderschule eingeschult werden und bei zunehmender Problematik vielleicht sogar eine Fremdunterbringung erfolgen. Wenn nichts geschieht, so ist Tims „Jugendhilfekarriere" regelrecht vorgezeichnet.

In diesem Fall wurde mit einer Sozialpädagogischen Familienhilfe begonnen und ein Hilfeplan für Tim erstellt. Der Kindergarten war der Vermittler, und ohne den Einsatz der Erzieherin hätte die Familie die notwendigen Schritte und die Annahme der Hilfe nicht geschafft. Immer wieder berichteten die Eltern der Erzieherin von den eingeleiteten Maßnahmen. Das Verhalten von Tim veränderte sich. Er wird noch ein Jahr in seiner Kindergartengruppe bleiben. Seine derzeitige Entwicklung wird die Einschulung in die Regelschule möglich machen.

Der Kindergarten ist Motor von Vernetzung, weil er von Eltern freiwillig gewählt wird. Diese Chance gilt es im Interesse von Kindern zu nutzen. Offenheit und Bereitschaft, Vernetzung zu initiieren, wird durch Erfolge belohnt werden. Die anfänglichen Mühen sind dann schnell vergessen.

Vernetzung bzw. Kooperation mit der Schule

Bezüglich der Zusammenarbeit zwischen Kindergarten und Schule wird bisher kaum von Vernetzung gesprochen, obwohl hier Vernetzung schon Geschichte hat (vgl. Kapitel „Öffnung nach außen"). Der Besuch der Schule ist im Gegensatz zum Kindergarten für jedes Kind Pflicht. Trotz des Rechtsanspruchs auf einen Kindergartenplatz steht es Eltern nach wie vor frei, ob und ab welchem Alter sie ihr Kind für den Kindergarten anmelden wollen. Mittlerweile besuchen aber in der Bundesrepublik Deutschland nahezu alle Kinder einen Kindergarten zumindest im letzten Jahr vor der Schule. Dies bedeutet, daß fast alle Kinder ihre Schullaufbahn mit Gruppenerfahrungen beginnen.

Für Kindergarten und Schule ist eine Kooperation unverzichtbar. Diese Tatsache hat in der Vergangenheit bereits in vielen Bundesländern zu Modellversuchen geführt, um zu eruieren, wie die Zusammenarbeit erfolgreich gestaltet werden kann, ohne daß die Eigenständigkeit der beiden Bereiche beeinträchtigt wird. Die Ergebnisse solcher Modellversuche fanden Eingang in die rechtliche Verankerung der Kooperation in Kindergartengesetzen, Durchführungsverordnungen, Empfehlungen oder Bekanntmachungen der zuständigen Ministerien. Es wurden Festlegungen zu den Rahmenbedingungen, ebenso wie zu bestimmten Kooperationsformen, deren Quantität und Qualität getroffen. Wie erfolgreich sich das Miteinander im Interesse der Kinder jedoch entwickelt, hängt – wie grundsätzlich alle Formen der Vernetzung – von der Offenheit und Bereitschaft vor Ort ab und ist trotz gleicher Vorgaben regional, also von Schule zu Schule und von Kindergarten zu Kindergarten, sehr unterschiedlich ausgeprägt.

117

Mißverständnisse sind nicht vermeidbar; die Leidtragenden sind in erster Linie die Kinder.

Was sind nun zentrale Zielsetzungen für die Vernetzung beider Bereiche? Unverzichtbar ist das Kennenlernen der jeweils angewandten Methoden und didaktischen Vorgehensweisen sowie der Spezifika der Lernformen im Kindergarten- und im Grundschulalter. Der Kindergarten ist nicht eine Schule vor der Schule; so sind Methoden der Schule fehl am Platz. Die Schule wiederum ist – trotz Spielecke im Klassenzimmer – nicht eine Fortsetzung des Kindergartens. Dennoch gibt es in beiden Institutionen Elemente, die aufeinander aufbauen. So bereitet sich das Kind im Kindergarten bereits auf das Schreiben vor. Dies geschieht nicht, indem es Zeichen in Zeilen schreibt, sondern durch die Förderung der manuellen Fertigkeiten durch Malen, beidhändiges Zeichnen, Kneten und Formen mit Plastilin, Papiermaché oder Ton, Falten und Reißen von Papier usw. Alle Aktivitäten, die besonders die Grob- und Feinmotorik von Armen und Händen „trainieren" oder koordinieren, sind unverzichtbare „schreibvorbereitende" Übungen. Mit dieser Vorbereitung kann der Kindergarten keinen Fehler machen und greift keinem schulischen Schreiblehrgang vor – wohl aber mit Übungen, wie sie ein Vater schildert:

„Im Kindergarten wurde äußerster Wert auf das Zeichnen kleiner Muster gelegt. Auf Schreibpapier mußten die Kinder viele Zeilen füllen. Da dies meine Tochter begeisterte und sie stolz war, schon ‚schreiben' zu können, hatte ich trotz erheblicher Zweifel nicht interveniert und auch im Kindergarten nicht weiter nachgefragt. Als Karen dann zur Schule kam, durfte sie die ganze Sammlung der Blätter mitnehmen. Mittlerweile besucht sie die 2. Klasse der Grundschule. Sie hatte große Probleme bei der Schreibanbahnung einzelner Buchstaben. Bei den Übungen im Kindergarten hatte sie sich nämlich andere Schreibbewegungen angewöhnt. Bis heute hat sie sich noch nicht gänzlich umgewöhnt. Allen Kindern aus dem gleichen Kindergarten erging es ähnlich.

Ich besuchte unsere frühere Erzieherin, um ihr über die Probleme von Karen und der anderen Kinder zu berichten. Sie fühlte sich sofort angegriffen und meinte, daß man es keinem Lehrer recht machen könne. Viele Eltern würden auch wollen, daß ihre Kinder im Kindergarten schon Schreiben lernen, erste Leseversuche machen und leichte Rechenaufgaben lösen.“

Das Beispiel zeigt, daß mangelnde gegenseitige Information und Vernetzung zum Schaden für Kinder sein können. Hier sind die Lehrer- und Erzieherausbildung ebenso gefordert wie die Lehrer- und Erzieherfortbildung. Im Interesse von Kindern wären insbesondere mehr gemeinsame Fortbildungen und die Aufklärung von Eltern über das Lernen in Kindergarten und Grundschule notwendig. Ideal wäre es, wenn Erzieherin und Lehrerin gemeinsam einen Elternabend zur Schulvorbereitung gestalten könnten. Der Part der Erzieherin wäre es, über ihre Methoden und Inhalte zu berichten. Die Lehrerin kann dann darstellen, wie die Schule auf das im Kindergarten Gelernte aufbaut. Beide Seiten können auch auf sich in Kindergarten und Schule wiederholende Themen eingehen. So befürchten Lehrer/-innen, daß ein Thema, das schon im Kindergarten angesprochen wurde, dann die Kinder in der Schule langweilen würde. Ebenso würden Eltern kritisieren, daß ihr Kind bestimmte Inhalte bereits im Kindergarten gehört habe. Bei näherer Kenntnis der Arbeitsweisen der beiden Institutionen sind die genannten Bedenken jedoch unbegründet. Am Beispiel eines Besuches in der Bäckerei läßt sich dies vielleicht verdeutlichen:

Die dreijährige Susanne begeistert der Duft von frischgebackenem Brot. Als ihr die Bäckersfrau eine Rosinenschnecke schenkt, ist für sie der Höhepunkt des Besuchs erreicht. Sie will wieder gehen. Anders beim viereinhalbjährigen Paul. Ihn fasziniert der Mehlstaub. Gar zu gerne würde er mal in die Mehlkiste blasen. Es gelingt ihm, aber er sieht nun selbst wie ein Bäcker aus. Es ist ihm peinlich, daß man ihm ansieht, was er gemacht hat. Die Bäckersfrau begrüßt ihn als neuen Lehrling. Da muß Paul lachen.

119

Jedes Kindergartenkind nimmt also ganz andere Erfahrungswerte mit. Das Thema „Bäckerei" wird deshalb in der Schule nicht langweilig sein. Die Kinder können vom Bäckereibesuch mit der Kindergartengruppe berichten. Die Beiträge können dann in einen Prozeßzusammenhang gebracht und mit den Arbeitsgängen des Bäckers verglichen werden. Anschließend gilt es, die Erfahrungen zu orden: Mehl – Teig – Duft – Form – Backofen – Hitze – Geschmack etc.

Obwohl die Vernetzung bzw. Kooperation zwischen Kindergarten und Schule gesetzlich verankert und am weitesten fortgeschritten ist, ist sie in der Regel immer noch nicht zufriedenstellend.

7. Zusammenarbeit mit Aus- und Fortbildung

Ingeborg Becker-Textor

Die Diskussion um die Weiterentwicklung des Kindergartens oder den offenen Kindergarten bleibt nicht ohne Auswirkungen auf die Aus- und Fortbildung. Während die Ausbildung auf den Beruf der Erzieherin bzw. des Erziehers vorbereitet und in erster Linie das notwendige Basiswissen vermittelt, richtet sich Fortbildung an Erzieherinnen, die bereits konkret im Feld arbeiten, und muß somit zeitnah auf Weiterentwicklungen und Veränderungen reagieren. Die Ausbildung orientiert sich an Lehrplänen und an der Praxis. Verständlicherweise hinken Lehrpläne immer etwas hinter der Realität her. Die Qualität der Ausbildung steht und fällt vor allem mit den Dozent/-innen, ihrer Bereitschaft und ihrem Mut, Inhalte zu aktualisieren oder sich von alten Methoden zu lösen, um neue zu erproben bzw. andere Wege zu gehen.

Gesellschaftliche Entwicklungen und damit einhergehende notwendige Veränderungen in den Bereichen „Bildung – Erziehung – Betreuung" stellen hohe Anforderungen. Viele Erzieherinnen, befragt nach ihrer Ausbildung, erklären, daß diese sie nicht genug auf die Praxis vorbereitet habe. Gefragt nach Fortbildungswünschen, werden oft Themen genannt, die jedoch dann, wenn sie angeboten werden, nur sehr wenig angenommen werden. Ein klassisches Beispiel ist etwa die Medienerziehung. Kindertageseinrichtungen klagen über die Medienkindheit und ihre Auswirkungen auf das kindliche Verhalten. Gleichzeitig werden Seminare über Medienerziehung oder die Wirkung des eigenen Medienverhaltens eher zaghaft angenommen. Was gilt es also zu tun?

Zusammenarbeit mit der Ausbildung

In den vergangenen Jahren hat sich im Bereich der Kindertageseinrichtungen ein plurales Angebot entwickelt. Es reicht von der Kinderkrippe bis zur Heilpädagogischen Tagesstätte, vom Kinderhaus bis zum Integrationskindergarten oder -hort. Die Einsatzfelder von Studierenden – bereits während des Vorpraktikums oder der ausbildungsbegleitenden Praktika – sind also vielfältig. In den Lehrplänen der Fachschulen bzw. Fachakademien für Sozialpädagogik oder gar der Berufsfachschulen für Kinderpflege finden diese neuen Einrichtungsformen aber noch kaum Berücksichtigung. Vielmehr – und das trotz der bundesweit vorgesehenen Breitbandausbildung – liegt der Schwerpunkt noch immer auf der Pädagogik des Kindergartens und der Sozialpädagogik in der Jugendhilfe.

Wäre es nicht vielmehr anstrebenswert, zwischen einer Pädagogik der frühen Kindheit und einer Pädagogik des Jugendalters zu unterscheiden? Dies würde einen Wechsel von der „Institutionenpädagogik" zur „Kindheitspädagogik" bedeuten. Das Kind oder der Jugendliche kann in den verschiedensten Formen von Einrichtungen zur Bildung, Erziehung und Betreuung von Kindern leben, spielen und lernen, die alle einen familienergänzenden und -unterstützenden Charakter haben und in unterschiedlicher Intensität mit derem Elternhaus zusammenarbeiten.

Wenn die Ausbildung das Kind in den Mittelpunkt stellt, dann rückt die Institution(enlehre) erst an die zweite Stelle. Es geht dann um das Kind in der Krippe, im Kindergarten, in der Elternselbsthilfegruppe, im Hort etc. Institutionen, die bilden, erziehen und betreuen, lassen sich heute nicht mehr abschließend aufzählen; sie sind viel zu schnell strukturellen und organisatorischen, aber auch inhaltlichen Veränderungen unterworfen: Bei zurückgehender Kinderzahl wird beispielsweise aus einem Kindergarten vielleicht ein Kinderhaus mit Kindern von null bis sechs Jahren oder drei bis 12 Jahren; ein hoher Anteil ausländischer Kinder fordert inhaltliche und eventuell konzeptionelle Veränderungen; eine große Fluktuation durch Kinder aus einer Übergangseinrichtung für Aussiedler führt in relativ kurzen Zeitabständen zu einer immer wieder neuen Gruppenzusammensetzung.

Eine stärkere Kindorientierung in der Ausbildung könnte auf die Vielfalt des Arbeitsfeldes besser vorbereiten. Natürlich dürfen das Gruppengeschehen und die Spezifika der einzelnen Institutionen nicht außer acht gelassen werden. Unverzichtbar ist deshalb der Kontakt der Ausbildungsstätten zur Fachbasis. Hospitationen von Dozent/-innen sollten daher ein wichtiger Bestandteil der Lehrerfortbildung sein. Projekte können gemeinsam mit der Fachbasis entwickelt werden und den Transfer zwischen Theorie und Praxis unterstützen oder gar sicherstellen. Ebenso sind viele Praktikerinnen gerne bereit, über ihr Tätigkeitsfeld im Unterricht zu berichten und über die Besonderheiten wie die „Normalitäten" der Alltagsarbeit in Kindertageseinrichtungen zu informieren.

Die Beschäftigung mit Konzepten von Kindertageseinrichtungen gewinnt immer mehr an Bedeutung. So läßt sich an ausgewählten Beispielen die Konzeptentwicklung nachvollziehen – von der Situationsanalyse bis hin zur Gestaltung des Alltags mit Kindern und der Elternarbeit. Im Zusammenhang mit dem Konzept einer Einrichtung lassen sich dann Fördermöglichkeiten, Beschäftigungen und Projekte unter ganz neuen Gesichtspunkten darstellen.

Auch muß sich Ausbildung verstärkt mit dem Leben von Kindern in Tageseinrichtungen befassen, der Gestaltung des Vormittags, Nachmittags oder auch des ganzen Tages. In diesem Tagesablauf kommt dann der „Fördereinheit" oder der sogenannten „gezielten Beschäftigung" eine ganz andere Bedeutung zu. Oft fällt es jungen Erzieherinnen schwer, nach Eintritt in den Berufsalltag plötzlich für eine ganze Gruppe von Kindern verantwortlich zu sein – und zwar nicht nur für eine Stunde, sondern eben für die gesamte Verweildauer der Kinder in der Einrichtung. Insbesondere bei einer situationsorientierten Arbeit wird die „Gesamtplanung" für den ganzen Tag bedeutsam.

Somit sollte bei der Praxisbeurteilung auch nicht nur eine Beschäftigung benotet werden, sondern vielmehr das Zusammenleben der Praktikantin mit der Kindergruppe an einem halben Tag. Gerade wenn Erzieherinnen die Gruppen öffnen, Eltern teilhaben lassen oder Projekte durchführen, kann und darf sich die Beurteilung oder Leistungsbewertung nicht nur auf einen kleinen Ausschnitt der pädagogischen Arbeit beziehen, auf eine bis ins Detail vorgeplante und nicht selten „vorgeprobte" Beschäftigung mit einer kleinen Kindergruppe. Auch das Verhalten und Agieren der künftigen Erzieherin sowie ihre Fähigkeit zu planen, ohne den Kindern die notwendigen Freiräume zu nehmen, lassen sich besser beobachten, wenn einige Stunden im Kindergarten für die Beurteilung ausgewählt werden.

Entsendet eine Fachschule bzw. Fachakademie für Sozialpädagogik Praktikantinnen in einen Kindergarten mit offenen Gruppen, dann bedarf es einer besonders intensiven Vorbereitung. Die Aufgabenstellung an die Praktikantin muß und wird anders sein als beim Praktikum in einem tradiert arbeitenden Kindergarten. Können solche Konzepte von der Ausbildungsstätte nicht akzeptiert werden, dann ist es besser, wenn die Praxisstelle nicht genehmigt wird. Damit wird zwar der Praxisschock der künftigen Erzieherin hinausgeschoben, aber sie kann dann später selbst entscheiden, ob sie sich in neue Formen der Kindergartenarbeit hineinwagen will.

Bei Modellversuchen zu Kinderhäusern mit großer Altersmischung hat sich gezeigt, daß viele junge Erzieherinnen, die dort ohne Berufserfahrung angefangen hatten, bereits nach wenigen Wochen in einen tradiert arbeitenden Kindergarten wechselten. Berufserfahrene Erzieherinnen hingegen entscheiden sich oft aus dem Wunsch nach persönlicher Weiterentwicklung heraus für eine solche Einrichtung. Sie sind nicht nur von der neuen Form der Kindertagesbetreuung begeistert, sondern haben sich schon im Vorfeld intensiv mit dem Konzept der weiten Altersmischung befaßt.

Fazit: Die Ausbildungsstätten sollten alle neuen Formen der Kindertagesbetreuung wertfrei vorstellen und, wenn möglich, entsprechende Einrichtungen im Umfeld auch besuchen bzw. deren Fachkräfte einladen. Die Studierenden können dann Unterschiede in Inhalten, Standards, Konzepten etc. selbst herausarbeiten und ihre Rolle in der jeweiligen Einrichtung definieren. Damit könnten wesentliche Entscheidungshilfen für ihren Berufsweg gegeben werden.

Zusammenarbeit mit der Fortbildung

Von Fortbildung wird erwartet, daß sie zeitnah auf aktuelle Entwicklungen im Bereich der Kindertagesbetreuung reagiert und die notwendig werdenden Veränderungen bei Inhalten und Konzepten vorbereitet. Dies bedeutet, daß von Fortbildungsveranstaltern erwartet wird, daß sie auf der Basis von Situationsanalysen Fortbildungsangebote entwickeln. Die Situationsanalyse muß mehrdimensional erfolgen:

- Wo liegen die Bedürfnisse der Kinder?
- Was sind derzeitige Kindheitsbedingungen?
- Wo und wie muß Fortbildung aufbauend auf das erworbene Basiswissen reagieren? (Eine Kooperation mit der Ausbildung ist also unverzichtbar!)

– Welche Wünsche und Bedürfnisse werden von den Erzieherinnen und Trägern angemeldet?
– Welche Problemlagen sind derzeit zu bewältigen?
– Welche neuesten wissenschaftlichen Erkenntnisse aus Bereichen wie Entwicklungspsychologie, Frühpädagogik, Erwachsenenbildung, Elternarbeit und Gesellschaftswissenschaften sollen oder müssen in aufbereiteter Form den Praktikerinnen zugänglich gemacht werden?
– Welche Fachliteratur gilt es vorzustellen und zu diskutieren?
– Wie können Erzieherinnen dort abgeholt werden, wo sie stehen?

Fortbildungsprogramme sollten darum gemeinsam mit Praktikerinnen entwickelt werden und diese auch in Teilbereichen als Fortbildnerinnen eingesetzt werden.

Auf einer Landestagung der Arbeiterwohlfahrt, die im Oktober 1996 in Bayern stattfand, wurden Kindergartenleiterinnen in Workshops als Referentinnen zu ganz unterschiedlichen Themen eingesetzt. Der Erfolg war groß: Es entstand ein Dialog auf der Ebene Erzieherin zu Erzieherin – allerdings auch mit recht hitziger bis angespannter Diskussion, empfanden doch viele Erzieherinnen die Praxisberichte ihrer Kolleginnen als persönlichen Angriff. Statt sich konstruktiv auszutauschen, kam es zu – teilweise recht unqualifizierten – Streitgesprächen, was richtig und was falsch sei, was Aufgabe von Erzieherinnen sei und was nicht. Gleichzeitig wurde deutlich, wie unterschiedlich in den Kindertageseinrichtungen gearbeitet wird, daß verschiedenartige Qualitäten, Standards und Inhalte anzutreffen sind. Fortbildung sollte also Erzieherinnen künftig mehr zur eigenen Standortbestimmung veranlassen und sie dabei begleiten, gibt es doch keine zwei Kindergärten, die auf völlig identische Weise arbeiten.

Ebenso gibt es keine Inhalte, die in absolut gleicher Weise einer größeren Zahl von Kindertageseinrichtungen vermittelt werden können. So kommt der einrichtungsbezogenen Fortbildung eine immer größere Bedeutung zu, aber ebenso der (individuellen) Konzeptentwicklung. Gerade aufgrund der Vielfalt der neuen Formen von Kindertagesbetreuung und der ganz verschiedenen Formen und Möglichkeiten der Öffnung gilt es nicht, apodiktisch ein Konzept oder eine Organisationsform zu verteidigen, sondern vielmehr Mut zu fassen, die für die Situation und das Umfeld geeignete Lösung zu suchen und zu realisieren. So werden Themen wie Situationsanalyse, Projektarbeit, Kooperation und Vernetzung mit sozialen Diensten, Kommunikation und Gesprächsführung, Elternarbeit und Gemeinwesenorientierung in Zukunft eine immer größere Rolle in der Fortbildung spielen. Es wird vorrangig nicht um reine Wissensvermittlung, sondern vielmehr um qualifizierten Erfahrungsaustausch, kollegiale Beratung, Reflexion und Konzeptentwicklung gehen. Leider sind noch nicht alle Erzieherinnen bereit, diese Themen für ihre Fortbildung aufzunehmen. „Rezepte vermittelnde" Angebote haben weiterhin einen relativ hohen Stellenwert.

Blickt man in die Fortbildungsprogramme der verschiedenen Fortbildungsträger, so sind die neuen Entwicklungen im Kindertagesbetreuungsbereich dort ablesbar. Ihre Angebote helfen und begleiten bei der Weiterentwicklung und versuchen, die Fragen und Unsicherheiten der Erzieherinnen aufzugreifen. Fortbildung braucht aber auch qualifizierte Fortbildner/-innen. Wenn es gelingt, gute Methodiker/-innen mit guten Praktiker/-innen gemeinsam einzusetzen, dann wird Fortbildung bestimmt interessanter und vor allem noch praxisnäher werden. Was für die Dozent/-innen in Ausbildungsstätten gilt, sollte natürlich auch für Fortbildner gelten: Besuche in verschiedenen Praxisfeldern und gegebenenfalls auch Hospitationen sollten eine Voraussetzung für ihre Tätigkeit sein. Darüber hinaus sind Grundkenntnisse im einschlägigen Recht sicherlich auch von Nutzen.

Die Unmenge der erforderlichen Themen oder die Vielzahl der Wünsche von Erzieherinnen können oftmals von einem Fortbildungsträger alleine nicht zufriedenstellend berücksichtigt werden. Also ist auch hier Öffnung gefragt, die Absprache mit anderen Anbietern. Dann deckt zwar nicht jeder Verband in einer bestimmten Region alle Spezialbereiche ab – aber reicht nicht ein umfassendes trägerübergreifendes Angebot? Verbände, die sich auf solche Art öffnen, sind auch dann glaubwürdig, wenn sie Öffnungsbestrebungen in Kindertageseinrichtungen begleiten. Die Prozesse, die beide Seiten durchlaufen, werden sich in vielen Punkten ähneln.

8. Öffentlichkeitsarbeit

Martin R. Textor

Es ist unvermeidbar, daß sich „die" Öffentlichkeit ein „Bild" vom Kindergarten macht – zumeist nur auf der Grundlage von bruchstückhaften Informationen und persönlichen Eindrücken. Aus den letzten Worten läßt sich schon folgern, daß es letztlich viele verschiedene „Bilder" vom Kindergarten geben muß, da die einzelnen Menschen – aus denen sich ja die Öffentlichkeit zusammensetzt – über qualitativ und quantitativ unterschiedliche Kenntnisse über „den" Kindergarten verfügen und differierende Erfahrungen mit ihm gemacht haben. Hinzu kommt, daß man „allgemeine Bilder" vom Kindergarten an sich von Bildern der jeweiligen Einrichtung vor Ort unterscheiden muß. Erzieherinnen können die in der lokalen Öffentlichkeit, also in der Gemeinde vorherrschenden Bilder von ihrem Kindergarten zu einem großen Teil prägen – und damit indirekt auch die Bilder vom Kindergarten als Institution. Dabei ist immer mitzudenken, daß gleichzeitig die in der Öffentlichkeit vorherrschenden Vorstellungen über den Erzieherinnenberuf beeinflußt werden.

Öffentlichkeitsarbeit dient somit in erster Linie der Selbstdarstellung des Kindergartens und des Berufsstandes der Fachkräfte. Die Erzieherinnen wollen ihre pädagogische Arbeit, ihre Leistungen, die Vielseitigkeit ihrer Tätigkeit und ihre Professionalität den Bürgern in ihrer Gemeinde (und im weiteren Umkreis) bekannt machen oder auf aus dem üblichen Rahmen herausfallende Aktivitäten und Projekte hinweisen. Sie möchten Interesse am Kindergarten wecken und eine positive Grundhaltung ihm gegenüber in der Gemeinde hervorrufen. Letztlich wollen sie erreichen, daß das von ihnen entwickelte und oftmals in einer schriftlichen Konzeption niedergelegte Profil ihres Kindergartens mit dem Bild übereinstimmt, daß sich andere Menschen von ihm machen. Dieses Ziel kann natürlich nur annähernd realisiert werden.

Darüber hinaus trägt Öffentlichkeitsarbeit zur Integration des Kindergartens in der Nachbarschaft und im Gemeinwesen bei. Sie kann auch der Herstellung und Pflege von Kontakten zu relevanten Institutionen dienen, also beispielsweise zur Pfarrei, zum Rathaus und

Stadt- bzw. Gemeinderat, zu Jugendamt, Beratungsstellen und psychosozialen Diensten, zu Firmen, Sparkassen und Banken, zu (Wohltätigkeits-)Vereinen und Verbänden, zu Grund- und Fachschulen. Die hierdurch entstehende Vernetzung kann sich u.a. in mehr ideeller, politischer, praktischer oder finanzieller Unterstützung der Belange des Kindergartens niederschlagen.

Vielfach wird Öffentlichkeitsarbeit auf die Erstellung von Elternbriefen und ähnlichen Schriften, auf Informationsveranstaltungen und Kontakte zu Zeitungen reduziert. Sie ist aber viel mehr. So wird das Bild vom jeweiligen Kindergarten in der Öffentlichkeit entscheidend von Verhalten und Auftreten der Fachkräfte geprägt: wie sie die Kinder und ihre Eltern morgens begrüßen und abends verabschieden, ob sie im Außengelände nur die spielenden Kinder beaufsichtigen oder ob sie dort besondere Aktivitäten anleiten, wie sie die Fenster, den Eingangsbereich und die Außenflächen des Kindergartens gestalten, ob sie auf Nachbarn zugehen, wie sie Besucher empfangen und wie sie und die Kinder sich bei Spazier-, Erkundungs- und Einkaufsgängen im Gemeinwesen verhalten.

Von besonderer Bedeutung ist in diesem Zusammenhang, welchen Eindruck die Eltern von der pädagogischen Arbeit und von der Elternarbeit des Kindergartens gewinnen – letztlich sind Eltern die „Meinungsmacher" in der Gemeinde; ihre Äußerungen über den jeweiligen Kindergarten beeinflussen das Bild der Bürger/-innen von ihm mehr, als es alle gezielten Maßnahmen der Öffentlichkeitsarbeit der Erzieherinnen können. Damit bekommt die Elternarbeit eine zusätzliche Akzentsetzung: Wird die Arbeit mit den Kindern transparent gemacht, werden der pädagogische Ansatz und die Konzeption zusammen mit den Eltern weiterentwickelt, wird den Bedürfnissen und Wünschen der Eltern entsprochen, werden zufriedenstellende Elternangebote gemacht, dann werden Eltern zu wohlmeinenden Botschaftern des Kindergartens im Gemeinwesen. Hospitations-, Mitarbeits- und Mitbestimmungsmöglichkeiten für Eltern sind in diesem Kontext besonders wichtig.

Gegenüber Eltern lassen sich auch Teamkonflikte und eine schlechte Arbeitsatmosphäre nicht verheimlichen. Kaum etwas anderes hinterläßt einen so negativen Eindruck, wie wenn sich eine Fachkraft gegenüber Eltern immer wieder über die Kindergartenleiterin oder ihre Kolleginnen beschwert. Deshalb ist eine gute Öffentlichkeitsarbeit letztlich nur dann möglich, wenn die Einrichtung gut und kompetent geleitet wird, wenn sich das Team hinsichtlich der Erziehungsziele und -methoden sowie des pädagogischen Ansatzes einig ist, wenn die Mitglieder genügend Mitbestimmungsmöglichkeiten haben und sich mitverantwortlich fühlen, wenn die Aufgaben gerecht verteilt sind und wenn sich Kinderpflegerinnen, Praktikantinnen, Köchinnen und andere Mitarbeiter/-innen als in ihrer Qualifikation anerkannt erleben.

Das Team ist auch von Bedeutung, wenn es um die Planung konkreter Maßnahmen der Öffentlichkeitsarbeit geht. Empfehlenswert ist, daß sich alle Mitglieder zunächst über die Ziele verständigen und gemeinsam ein Konzept für die Öffentlichkeitsarbeit entwickeln. Dies führt automatisch zur Reflexion des eigenen pädagogischen Handelns und der bisherigen Elternarbeit. Dann muß sich das Team mit der Vielzahl von Formen der Öffentlichkeitsarbeit auseinandersetzen – schriftliche Materialien wie Kindergartenzeitung oder pädagogische Konzeption, Schaukästen und Plakate, Veranstaltungen wie „Tag der offenen Tür" oder Jubiläumsfeiern, Ausstellungen, die Beteiligung an Gemeindefeiern oder das Verfassen von Beiträgen für Zeitungen. Auch wenig übliche Formen wie (Umwelt-)Aktionen oder die Herstellung und den Verkauf – gemeinsam mit den Kindern – von Koch-, Lieder- und Bilderbüchern, Kalendern, T-Shirts usw. sind zu berücksichtigen. Die Teammitglieder werden über die Vor- und Nachteile der einzelnen Formen der Öffentlichkeitsarbeit, den für sie zu veranschlagenden Zeitaufwand und deren Übereinstimmung mit den angestrebten Zielen diskutieren. Schließlich werden geeignete Maßnahmen ausgewählt und in die Jahresplanung des Teams integriert. In die Vorbereitung einzelner Aktivitäten können dann die Kinder einbezogen werden. Einige mögliche Formen der Öffentlichkeitsarbeit sollen in den folgenden Abschnitten genauer dargestellt werden.

Ausstellungen und Informationsveranstaltungen

Ausstellungen sind eine der wenigen pädagogisch wertvollen Formen der Öffentlichkeitsarbeit, da sie die Einbeziehung der Kinder von Anfang an ermöglichen und z.B. den krönenden Abschluß eines Projekts bilden können (vgl. Textor 1995). Ausgestellt werden können Bastelarbeiten und Bilder der Kinder – oder von Kindern aus einer ausländischen Partnereinrichtung, wie die folgende Doppelseite verdeutlicht. Ferner sind Fotos oder andere Zeugnisse des Kindergartenlebens sowie im Rahmen von Projekten angelegte Sammlungen von Naturmaterialien oder anderen Gegenständen geeignet. Eine Sonderform ist die Verkaufsausstellung, bei der die Kinderprodukte erworben werden können oder gar versteigert werden.

Von Art und Ort der Ausstellung hängt ab (natürlich neben den getroffenen Werbemaßnahmen), wie attraktiv sie für die Bürger der Gemeinde sind. Eine Ausstellung im Kindergarten selbst erreicht überwiegend die Eltern und andere Familienmitglieder. Wird sie hingegen im Gemeindezentrum, im Rathaus, in den Schalterräumen einer Sparkasse oder Bank, in einer Bücherei oder in einem anderen öffentlich zugänglichen und stark frequentierten Gebäude plaziert, werden in der Regel bei weitem mehr Außenstehende angesprochen. Außerdem können hier oftmals Stellwände, Schaukästen, Spotlights und andere Hilfsmittel zur Verfügung gestellt werden, die ein ansprechendes Arrangement der Ausstellungsgegenstände erleichtern.

Das folgende Praxisbeispiel über die Ausstellung „Leben in unserem Dorf früher und heute" stammt vom Kindergarten Sulzberg (in: Berger et al. 1992, S. 272-275). Interessant ist hier auch die starke Einbindung der Eltern:

„Es fanden sich bald einige Mütter, die sich für die Ausstellungsidee erwärmen ließen: Frauen aus alteingesessenen Dorffamilien ebenso wie neuzugezogene Mütter. Sie gingen daran, teils mit, teils ohne Kinder die zunächst recht sparsam eintreffenden alten Bilder zu sortieren und Nachbarn und Verwandte anzusprechen. Ein besonderes Glück war, daß unter den Eltern eines ehemaligen Kindergartenkindes eine freiberufliche Fotografin war, die Spaß fand an der Idee, zu alten Bildvorlagen von demselben Standort wie damals Fotos zu machen. Zudem fertigte sie ohne Honorar Fotos von den Spielorten der heutigen Dorfkinder. So standen schließlich eine Reihe vergleichender Aufnahmen ‚früher – heute' von einzelnen Gebäuden, von den Ortsteilen, vom Ortskern, von Geschäften usw. zur Verfügung. Im Lauf etwa eines Monats waren es dann ungefähr hundert Bilder vom Ort, von umliegenden Weilern und kleinen Dörfern, die mittlerweile eingemeindet worden waren.
...

Langsam sprach sich das Vorhaben des Kindergartens im Dorf herum: Ältere Leute erschienen mitten am Vormittag und erzählten – manchmal mit wenig Gespür für den dortigen Streß – von früher, halfen dabei, Ortsteile, Gebäude und Personen auf alten Fotos zu identifizieren usw. Die rührigen Mütter trieben alte Gebrauchsgegenstände, Spielzeug und Kinderwägen auf, was die Anschaulichkeit der Ausstellung belebte. Eine Erzieherin, die selbst aus einer der alteingesessenen Familien des Dorfes stammte, verstand es, Menschen zu motivieren, sie durchschaute die Verwandtschaftsverhältnisse und war auch für die Dorföffentlichkeit die Garantie dafür, daß im Kindergarten ‚nichts Unrechtes' passierte.

Was hatten die Kinder von alledem? Wichtig war gewiß, daß nicht versucht wurde, sie krampfhaft in alle Arbeitsschritte einzubeziehen. Sie wußten von dem Vorhaben, nahmen wahr, daß die Mütter über alten Bildern saßen, daß Leute aus dem Dorf in den Kindergarten kamen, die sonst dort noch nie gesehen wurden. Sie fanden es toll, wenn ein Opa von früher erzählte. Manche bekamen auch zu Hause mit, wenn darüber gesprochen wurde, ob man Bilder zur Verfügung stellen wollte oder nicht. Wenn es sich anbot, zeigten die Erzieherinnen auch in den Gruppen Fotos, ließen die Kinder alte Gegenstände auspacken und ausprobieren. Die Kinder erfuhren, daß die Beschäftigung damit, wie es früher war, auch für die ihnen nahen Erwachsenen wichtig war und manchmal durchaus Dinge in sich barg, die auch die ‚Großen' unsicher machten. Es war weniger das didaktisch zubereitete Angebot für die Kinder, sondern die Erfahrung, daß man sich in ihrer Nähe um dieses Thema bemühte, ohne sie auszuschließen.

Im Lauf dieses Sommers hatten die Kinder bei verschiedenen Erkundungsgängen ins Dorf ihre Wohnhäuser besucht und ihre Lieblingsspielorte selbst fotografiert. Bei ihren Gängen waren sie auf alte Gebäude, markante Stellen im Dorf, geschichtsträchtige Orte aufmerksam gemacht worden, hatten sich selbst für alles Mögliche interessiert, wie zum Beispiel eindrucksvolle Zeichnungen bewiesen. Sie hatten selbst erfahren, daß es alte und neue Häuser im Ort gibt, hatten vielleicht auch die Gelegenheit, übliche Wertungsmuster (neu = schön, fertige Spielgeräte im Garten sind besser als Kletterbäume) beiseite zu lassen. Sie hörten auch, wo, wie und womit Erwachsene früher im Dorf gespielt hatten. Die Dokumentation dieses Dorfforschungs-Sommers war eine große selbstgemalte Karte des Ortes mit Fotos, eingemalter Kirche und anderen Gebäuden, die den Kindern bekannt waren. Sie kam dann später zur Ausstellung hinzu ebenso wie ein Querschnitt durch die Arbeit des Kindergartens anhand von Fotos. Dies sollte am Ende der Ausstellung den Blick darauf lenken, was Kinder heute als familienergänzenden Lebensraum brauchen. Denn eines zeigte die Ausstellung in allen ihren Bereichen: Die Umwelt hat an Spielwert für die Kinder verloren.

Die Kinder konnten ja auch – wie die Erwachsenen – Bilder vergleichen und Erzählungen von Erwachsenen hören, wie und wo diese gelebt hatten. Und sie nahmen die rege Aufmerksamkeit und Bewegung der vielen Erwachsenen – es waren gewiß 500 am sonnigen Eröffnungstag – wahr, die in ihren Kindergarten kamen: Den ganzen Tag über war die Gymnastikhalle voller Leute, standen Menschen im Gespräch vor Bildern zusammen. Überall ‚wuselten' Kinder quasi als Hausherren in ‚ihrem Museum' herum, zeig-

**Der Kindergarten St. Nikola
lädt Sie herzlich zur**

"Kinderkunstausstellung"

**im Malstudio (1.Stock, Aufgang
zum Kindergarten) ein.**
Gezeigt werden Werke von Kindern
unserer Partnergrundschule in
Montecchio Maggiore (Italien).

**Im Rahmen des Jahresthemas
<u>"Laßt uns Menschen – Brücken
bauen"</u>
haben Sie vom 21.06. bis zum
05.07.96 Gelegenheit, die Ausstellung zu besuchen.
<u>Eröffnung:</u> Freitag, 21.06. beim
Sommerfest
(Klosterinnenhof,14Uhr)
<u>Wir danken für die freundliche
Unterstützung:</u>**

* den Schülern der Scuola D'Infanzia
  del 1°Circolo di Montecchio
  Maggiore
* Frau Donata dott. SSa Albiero
  (Direktorin der Schule in M. M.)
* Herrn Dr.Dr. Gian Carlo Chiani
  (Vermittlung der Partnerschaft
  zwischen beiden Einrichtungen)
* Herrn Dr. Vittorio Azzara
  (Übersetzung der Bildtitel)

ten etwas, bekamen anderes erklärt, wurden Zeugen von ernsthaften Gesprächen zwischen Gemeindeverantwortlichen und Bürgern über manche fehlgelaufene oder geglückte Modernisierung im Dorf. Kein noch so kindgemäßes Festprogramm hätte die ‚Sache der Kinder' so ins Bewußtsein rücken können wie dieses Stück Kulturarbeit vom Kindergarten aus. Als dann noch in den nächsten Tagen die Schüler der örtlichen Grundschule klassenweise mit ihren Lehrkräften die Ausstellung besuchten, waren die Kleinen stolz über so viel Beachtung, und die Erzieherinnen verspürten einiges an Genugtuung, denn bisher hatten sie sich von den meisten Lehrer/ -innen mißverstanden und geringgeschätzt gefühlt. Ein Teil der Ausstellung konnte anschließend noch in der örtlichen Raiffeisen-Bank zwei Wochen lang gezeigt werden und fand auch dort noch viel Interesse."

Dieses Praxisbeispiel verdeutlicht sehr gut, wie der Kindergarten durch die Planung und Vorbereitung einer Ausstellung immer mehr in das Wahrnehmungsfeld der Dorföffentlichkeit rückt und nach dem Ereignis ein viel besseres „Image" in der Gemeinde hat. Ferner zeigt es, daß die Ausstellungseröffnung zu einem großen Ereignis gemacht werden kann, zu dem dann z.B. auch Landräte, Bürgermeister, Pfarrer, Verbandsvertreter und Journalisten kommen. Die kinderpolitische Brisanz der Ausstellung ist offensichtlich (vgl. Kapitel „Kindergarten und Politik").

In kleinen Gemeinden und „gewachsenen" Stadtteilen bietet sich als Form der Öffentlichkeitsarbeit auch die Öffnung von Kindergartenfeiern für Außenstehende oder die Beteiligung an Gemeindefesten und Umzügen an. Darbietungen von Kleinkindern wirken auf Erwachsene sehr ansprechend, dürfen aber nicht ausufern und hinsichtlich der Vorbereitungszeit, der Länge der Aufführung und der Art des Dargebotenen die Kinder überfordern. Feste dürfen keinesfalls zu einer „Leistungsschau des Kindergartens" werden. Wichtiger ist, daß die Einrichtung durch die Feiern bzw. die Beteiligung an ihnen in der Gemeinde präsent ist. Insbesondere bei Gemeindefesten können die Erzieherinnen auch wichtige Kontakte knüpfen bzw. auffrischen. Während es sich bei vielen Formen der Öffentlichkeitsarbeit um „Einwegkommunikation" handelt, ist hier auch das Gespräch mit den Bürgern über die pädagogische Arbeit des Kindergartens sowie ihre diesbezüglichen Voreinstellungen und Fragen möglich.

Letzteres gilt auch für die Durchführung von Informationsveranstaltungen oder von einem „Tag der offenen Tür". Somit sollte in beiden Fällen für (informelle) Gespräche viel Zeit gelassen werden. In vielen Einrichtungen wird bereits regelmäßig ein „Tag der offenen

Tür" durchgeführt, jedoch üblicherweise nur für Eltern und andere Familienmitglieder. Will man auch Außenstehende erreichen, sind nicht nur besondere Werbemaßnahmen notwendig (z.b. Erstellen und Aufhängen von Plakaten, Versand von Einladungsschreiben, Ankündigung in Zeitungen), sondern auch attraktive Angebote: Neben Darbietungen der Kinder ist es z.b. denkbar, einen bekannten Bilderbuchautoren für eine Lesung einzuladen, eine Puppenbühne einzubinden oder seitens der Erzieherinnen bzw. Eltern ein Schattenspiel vorzuführen. Die Kinder können die Funktion des Gastgebers übernehmen, also die ankommenden Besucher begrüßen, ihnen die Garderobe zeigen, sie durch den Kindergarten führen, ihnen Erfrischungen servieren und sich mit ihnen unterhalten.

Informationsveranstaltungen, durch die der Kindergarten sich Eltern mit Kindern unter drei Jahren und sonstigen interessierten Bürgern vorstellt, sind noch recht selten – dürften aber aufgrund der prognostizierten Konkurrenz um Neuanmeldungen (wegen der abnehmenden Kinderzahl) als „Werbemaßnahme" an Bedeutung gewinnen. Bei diesen üblicherweise auf circa zwei Stunden begrenzten Veranstaltungen kommt es darauf an, die pädagogische Konzeption des Kindergartens auf möglichst ansprechende Weise darzustellen und Einblicke in die praktische Arbeit mit Kindern und ihren Eltern zu gewähren. Für ersteres bietet sich ein Kurzvortrag an, der lebhafter wirkt, wenn er anhand von Notizen gehalten wird, als wenn ein Manuskript abgelesen wird. Auch kann dann leichter Augenkontakt mit den Zuhörern gehalten und auf ihre nonverbalen Reaktionen eingegangen werden. Für letzteres eignen sich Videoaufnahmen oder Dias vom Kindergartenalltag am besten, mit deren Hilfe auf kurzweilige Art die praktische Umsetzung der pädagogischen Konzeption, der Tagesablauf, besondere Aktivitäten und Schwerpunkte der praktischen Arbeit verdeutlicht werden können. Findet die Veranstaltung am Nachmittag statt, können auch einige Kindergartenkinder die Dias kommentieren.

Eine etwas aus dem Rahmen fallende Informationsveranstaltung „Aktion Kindergarten" wurde von der Stadt Salzkotten in Zusammenarbeit mit fünf kommunalen und sechs kirchlichen Kindergärten sowie einer Elterninitiative durchgeführt (Hense/Rölleke 1991). Ihr Ziel war, die Kindergartenarbeit einer möglichst breiten Öffentlichkeit zu verdeutlichen. Ein Schwerpunkt war eine einwöchige Aktionsausstel-

135

lung im Rathaus, die von Kommunalpolitikern, Elternbeiräten, Erzieherinnen, Eltern und Kindern eröffnet wurde (a.a.O., S. 15 f.):

„Der Rundgang führte die Besucher durch unterschiedliche Bereiche der Kindergartenarbeit. Den Anfang bildete der Bereich des bildnerischen Gestaltens. Hier hatten kleine und große Besucher die Möglichkeit zu malen, zu basteln oder Buttons herzustellen. Daran schloß sich der Bereich Natur und Umweltbegegnung an. Hier animierte ein Riech- und Fühlprogramm die Besucher, etwas für die eigene Sinneswahrnehmung zu tun. Weiter ging es dann zum Bereich ‚freies Spiel'. Eine Puppenecke und ein Bauteppich luden insbesondere kleinere und größere Kinder zum Spielen ein. Nochnicht-Kindergartenkinder entdeckten an der Hand der Eltern interessante Spielmöglichkeiten in der Puppenecke. Die Bauklötze auf dem Bauteppich fanden bei den Kleinen besonderes Interesse.

Die Bilderbuch-Kuschelecke vermittelte den Besuchern ebenfalls Kindergartenatmosphäre. Hier konnte nachvollzogen werden, in welch ruhiger und entspannter Atmosphäre das Betrachten eines Bilderbuches oder das Anhören einer Geschichte möglich ist. In diesem Bereich konnten sich Eltern zudem über unterschiedlichste Bilderbücher informieren. Der Bereich Bewegungserziehung war so einladend gestaltet, daß die Kinder verschiedene kleinere Turngeräte auf den ausgelegten Turnmatratzen gleich ausprobierten.

Während die Kinder in den verschiedenen Spielecken Raum und Zeit vergaßen, hatten interessierte Eltern die Möglichkeit, anhand von Schautafeln theoretische Hintergründe und Zielsetzungen der pädagogischen Arbeit im Kindergarten zu erfahren. Da die Ausstellung nachmittags von zwei Erzieherinnen betreut wurde, gab es auch Gelegenheiten, mit dem ‚Fachpersonal' ins Gespräch zu kommen."

Der zweite Schwerpunkt war eine Podiumsdiskussion im Sitzungssaal des Rathauses, zu der sich 140 Interessierte einfanden. Nach einer Einführung durch den Stadtdirektor wurde über Themen wie die Aufgaben des Kindergartens, Qualitätskriterien, die Bedeutung des spielerischen Lernens, die Zusammenarbeit zwischen Kindergarten und Eltern sowie die Unterstützung der Familienerziehung diskutiert. Zwei Zeitungen und der Lokalfunk berichteten von der „Aktion Kindergarten". Durch diese Veranstaltung wurden also die Kindergartenarbeit und aktuelle Probleme für die Öffentlichkeit transparent gemacht.

Kindergartenzeitungen und andere Schriften

Nahezu alle Kindergärten setzen in der Elternarbeit schriftliche Materialien ein. Weit verbreitet sind Elternbriefe und Kindergartenzeitungen. Vielerorts liegen auch pädagogische Konzeptionen und Informationsschriften für zukünftige Kindergarteneltern vor. Ferner müssen zu den schriftlichen Materialien Plakate, Aushänge, Handzettel, Faltblätter (z.B. zu Erziehungsfragen) sowie Notizen und Briefe gerechnet werden. Auf diese Weise informieren Erzieherinnen Eltern über ihren pädagogischen Ansatz, die praktische Arbeit, besondere Aktivitäten und Veranstaltungstermine, nehmen Einfluß auf die Familienerziehung (z.B. durch Artikel über die kindliche Entwicklung, Anregungen zum Spielen und Basteln mit dem Kind, Hinweise auf gute Bilderbücher und Ratgeber etc.) oder reagieren im Falle von Briefen und Notizen auf Anfragen von einzelnen Eltern bzw. geben Hinweise bezüglich ihres Kindes. In der Regel handelt es sich um „Einwegkommunikation".

Bei allen schriftlichen Materialien ist zu beachten, daß auch durch sie das Bild vom Kindergarten in der Öffentlichkeit geprägt wird. So sollten sie einen positiven Eindruck vermitteln. Dies gilt um so mehr, wenn sie über den Kreis der Eltern hinaus verteilt werden – es ist durchaus empfehlenswert, Kindergartenzeitungen und pädagogische Konzeptionen auch an Kooperationspartner wie Grundschulen, Beratungs- und Frühförderstellen, Jugendamt und Trägerverband zu senden. Somit ist eine professionelle Gestaltung schriftlicher Materialien anzustreben. Hier fällt auf, wie wenig noch die Möglichkeiten der modernen Textverarbeitung von Erzieherinnen genutzt werden – obwohl in unserer Gesellschaft inzwischen kaum noch etwas ohne Computer geht. Verantwortlich hierfür sind zum größten Teil die Aus- und Fortbildungsträger, die entsprechende Kompetenzen nicht vermitteln. Die benötigten Fertigkeiten können jedoch auch an Volkshochschulen und anderen Erwachsenenbildungseinrichtungen, oft sogar von Partnern, Freunden und Bekannten erworben werden. Wenn sich der Kindergarten keinen eigenen Computer und Drucker anschaffen kann, so könnten doch zumeist andere Geräte (z.B. im Pfarrsekretariat) mitbenutzt werden – es müßte nur etwas herumgefragt werden. Schließlich können durchaus Eltern, die über einen Computer verfügen, in die praktische Erstellung von Kindergartenzeitungen, Elternbriefen und Konzeptionsschriften einbezogen werden.

Damit soll nicht negiert werden, daß Erzieherinnen auch auf „klassische" Weise sehr schöne schriftliche Materialien erstellen können – und dies tun. In solchen Fällen würde die moderne Textverarbeitung vieles erleichtern und neue Gestaltungsmöglichkeiten erschließen. Erzieherinnen, die ihre Texte noch auf einer mechanischen Schreibmaschine unter reichlicher Verwendung von Tipp-ex und dennoch mit vielen Tippfehlern verfassen oder an Bürgermeister, Eltern und Institutionen handschriftlich verfaßte Schreiben senden, vermitteln hingegen kein positives Bild von ihrem Kindergarten und Berufsstand.

Empfehlenswert ist es, beim Erstellen schriftlicher Materialien u.a. folgende Grundsätze zu beachten:

- Es wirkt positiv, wenn alle schriftlichen Materialien gleiche Elemente enthalten („Wiedererkennungseffekt"). Dies kann am besten durch ein Logo erreicht werden, das alle Schriften – von Elternbriefen und pädagogischen Konzeptionen über Handzettel, Aushänge und Plakate bis hin zu Schreiben (Briefkopf) ziert. Bei regelmäßig erscheinenden Materialien wie Kindergartenzeitungen sollten Titel- und Textseiten immer nach demselben Muster gestaltet werden (vgl. Fachzeitschriften).
- Der Text sollte interessant, leicht verständlich und gut lesbar sein. Durch Fett- und Kursivdruck können wichtige Aussagen, durch eine größere Schrift und Fettdruck Überschriften hervorgehoben werden. Der Text sollte möglichst keine Fehler enthalten, in einer nicht zu kleinen Schrift abgefaßt werden und auch noch nach dem Kopieren deutlich hervortreten (Farbbänder rechtzeitig austauschen!).
- Bei Kindergartenkonzeptionen und -zeitungen sollte ein ansprechendes Layout gewählt werden: Auflockerung des Textes durch Zwischenüberschriften, Unterlegen oder Einrahmen von Absätzen; Einfügen von kontrastreichen und möglichst nicht gestellt wirkenden Fotos oder von Kinderzeichnungen; breite Ränder; evtl. durchlaufende (Rubriken-)Überschriften usw. Seiten, die nebeneinander erscheinen, sollten nicht zu unterschiedlich gestaltet sein. Auf Inhaltsverzeichnis, Seitenzählung und Impressum darf nicht verzichtet werden; bei Elternbriefen sind Rubriken („Pädagogisches", „Besondere Ereignisse im Kindergarten", „Seite des Elternbeirats";

„Veranstaltungshinweise"; „Aus Kindermund", „Buchempfehlungen" usw.) empfehlenswert.

Bei dem heutigen Medienangebot müssen Kindergartenzeitungen bzw. Elternbriefe mit anderen Zeitungen und Zeitschriften, Fernsehen und Radio konkurrieren. Sie sollten deshalb möglichst attraktiv und ansprechend wirken. Dasselbe gilt verstärkt für pädagogische Konzeptionen und Jubiläumsschriften, da sie in noch größerem Maße „Aushängeschild" des Kindergartens sind. Ein schönes Layout und ein guter Druck verursachen natürlich höhere Kosten. An diesen können die Eltern durchaus beteiligt werden, z.B. durch den Verkauf der Schriften oder den Aufruf in ihnen zur Spende (eines bestimmten Betrages). Alternativ können Sponsoren gesucht bzw. Werbeanzeigen abgedruckt werden.

Zum Umgang mit den Medien

Nicht nur die im Gemeinwesen vorherrschenden Bilder vom eigenen Kindergarten, sondern auch die in der Öffentlichkeit verbreiteten Vorstellungen über den Kindergarten an sich sowie über den Erzieherberuf können dadurch beeinflußt werden, daß Fachkräfte mit Zeitungen, Rundfunk und Fernsehen kooperieren. Zu einer guten Öffentlichkeitsarbeit gehört, daß das Team ihre Ansprechpartner in den Redaktionen des Umkreises ermittelt. Zumindest zu Journalisten der Lokalpresse sollte dann möglichst ein lockerer, aber kontinuierlicher Kontakt aufgebaut werden. Dieser kann mit einem Informationsgespräch in der Redaktion beginnen und durch Besuche mit Kindern (in Kleingruppen), Zusendung der Kindergartenzeitung, Grußkarten, Telefonanrufe u.ä. aufrechterhalten werden. Damit steigt die Wahrscheinlichkeit, daß immer wieder Berichte über den Kindergarten in der Zeitung stehen.

Journalisten kommen in der Regel nur auf Einladung bzw. zu besonderen Anlässen wie Eröffnungs- oder Jubiläumsfeiern in den Kindergarten. Ihre Fragen sollten offen, ehrlich und freundlich beantwortet werden – möglichst ohne Verwendung von Fachbegriffen wie „Situationsansatz" oder „Orff-Instrumente" (ansonsten mit Begriffserklärung, wobei man auch vieles im Kindergarten zeigen kann). Unangenehmen Fragen sollte nicht ausgewichen, fehlende Kenntnis durchaus eingestanden werden. Journalisten wollen möglichst ungestört sein, wenn sie mit Kindern sprechen oder Fotos machen.

Können Journalisten aus Zeitmangel eine Einladung nicht wahrnehmen oder möchte das Team ein eher allgemeines Thema „in die Zeitung" bringen, bietet es sich an, gemeinsam einen Artikel abzufassen und an den Ansprechpartner in der jeweiligen Redaktion zu senden. Wird über eine Veranstaltung oder ein besonderes Ereignis berichtet, sollte das Manuskript möglichst am selben oder am nächsten Tag bei der Post aufgegeben (oder direkt überbracht) werden, da Zeitungen nur an aktuellen Berichten interessiert sind. Bei anderen Themen – wie z.B. „Der erste Tag im Kindergarten", „Immer mehr verhaltensauffällige Kleinkinder", „Darf man Kinder bestrafen?" – oder bei Berichten über Projekte, Exkursionen und ähnliche Unternehmungen kann sich das Team hingegen mehr Zeit nehmen.

Die Wahrscheinlichkeit, daß ein Artikel gedruckt wird oder nicht, steigt nicht nur mit der Zahl von – nach Meinung des Lokalredakteurs – potentiell interessierten Leser/-innen, sondern auch mit dem Grad der Annäherung an den üblichen Stil von Zeitungsartikeln. So sollte die Überschrift den Inhalt zum Schlagwort verdichten und das Interesse der Leser wecken. Dann kommt der Kern der Pressemeldung (Wer? Was? Wann? Warum? Wo?). Abschließend kann z.B. auf Vorgeschichte, Hintergründe, angestrebte Ziele, genauen Ablauf und andere Details eingegangen werden. Gegen Ende des Artikels sollten die Sätze immer unwichtiger werden, da dies dem Redakteur ein Kürzen des Textes erleichtert (durch Wegstreichen der letzten Sätze). Ansonsten sollte ein lockerer und lebendiger Stil mit kurzen, sachlichen und verständlichen Sätzen gewählt werden. Ein überzogenes Selbstlob ist zu vermeiden. Es ist sinnvoll, den Artikel mit weitem Zeilenabstand und breitem Rand zu schreiben, da dies dem Redakteur die Korrektur, Ergänzung, Auszeichnung u.ä. erleichtert. Auch das Beifügen von ein oder zwei Fotos erhöht die Wahrscheinlichkeit eines Abdrucks. Diese sollten möglichst kontrastreich sein, natürlich wirken, Personen bei einer Aktivität vor einem ruhigen Hintergrund zeigen und mit einem Kurztext versehen sein. Fotos mit Kindern sind ansprechender; es sollten aber nie mehr als fünf Personen zu sehen sein.

Ferner können sich Erzieherinnen mit Leserbriefen zu Wort melden. Auf diese Weise können sie auf vorausgegangene Artikel reagieren, in denen z.B. Kindergärten kritisiert, Erziehungsfragen thematisiert oder kinderfeindliche Beschlüsse dokumentiert wurden. Schließlich können sie die Fachöffentlichkeit durch Artikel in Fachzeitschriften erreichen. Deren Redaktionen – wie auch die Redaktionen von örtlichen und regionalen Zeitungen – ertrinken keineswegs in einer Artikelflut. So sind generell die Chancen groß, daß ein Manuskript auch abgedruckt wird.

(Lokal-)Fernsehen und Rundfunk berichten relativ oft über Kindergärten, kommen aber nur selten auf Einladung in eine Einrichtung. Zumeist machen sie Aufnahmen im Rahmen von Reportagen oder um z.B. Berichte über Pressekonferenzen von Politikern bzw. Verbänden damit zu „illustrieren". Auf den jeweiligen Kindergarten wurden sie zumeist durch Dritte (Jugendamtsleiter, Wohlfahrtsverbände, Pressereferenten usw.) hingewiesen. Somit kommen Erzieherinnen eher plötzlich und unverhofft in die Situation, vor dem Mikrophon oder der laufenden Kamera Auskunft geben zu müssen. Wird ein solcher Besuch angekündigt, sollten sie sofort nach den Zielen der Berichterstattung fragen und dem Redakteur – der ja kein Spezialist ist – ergänzende Informationen und Hinweise (z.B. über die beste Aufnahmezeit) geben. Anschließend sollten das ganze Team, die Eltern und die Kinder über den Besuch unterrichtet werden.

Bei Fernsehaufzeichnungen bietet es sich an, scharfe Kontraste bei der Kleidung zu vermeiden und auf auffälligen Schmuck zu verzichten. Während eines Interviews sollten Erzieherinnen sich eher langsam bewegen, auf unnötige Gesten verzichten und immer zum Gesprächspartner hin sprechen. In der Regel wird nur in die Kamera hineingesprochen, wenn sich die jeweilige Person an das Fernsehpublikum direkt richten will. Ansonsten gilt sowohl für Fernseh- als auch für Rundfunkinterviews, daß sich Erzieherinnen als Fachfrauen präsentieren, mit kurzen Sätzen antworten sowie Fachbegriffe und Fremdwörter vermeiden sollten. In schwierigen Situationen können sie durch Nachfragen Zeit gewinnen. Erzieherinnen müssen sich aber bewußt sein, daß vor allem Fernsehteams sehr an Aufnahmen mit Kindern bzw. von der alltäglichen Kindergartenarbeit interessiert sind. Bei solchen Aufzeichnungen sollten sie sich möglichst ruhig, natürlich und „wie sonst auch" verhalten.

9. Kindergarten und Politik

Martin R. Textor

Letztlich können – und dürfen – Erzieherinnen eine Beschäftigung mit der Politik nicht vermeiden: Erstens nehmen schon Kleinkinder via Fernsehen und die Anwesenheit bei entsprechenden Gesprächen ihrer Eltern und anderer Erwachsener am politischen Geschehen teil. Zweitens bestimmen (kommunal-)politische Entscheidungen die Situation von Kindergärten und damit auch von Erzieherinnen. Und drittens sollen Kindertagesstätten als Einrichtungen der Kinder- und Jugendhilfe laut § 1 Abs. 3 Nr. 4 SGB VIII „dazu beitragen, positive Lebensbedingungen für junge Menschen und ihre Familien sowie eine kinder- und familienfreundliche Umwelt zu erhalten oder zu schaffen".

Zur Öffnung des Kindergartens zur politischen Dimension unseres Zusammenlebens hin gehört das Aufgreifen relevanter Themen in der praktischen Arbeit mit Kindern. Die jeweiligen Inhalte müssen natürlich so aufbereitet werden, daß sie auf das Interesse der Kinder stoßen, in Bezug zu deren Lebenswelt stehen, leicht verständlich und handlungsorientiert sind. Dies gelingt besonders gut bei Themen wie „Umweltschutz", „Probleme der Dritten Welt" oder „Geschlechterrollen". Dabei dürfen die Kinder natürlich nicht politisch manipuliert, verängstigt oder in Schuldgefühle hineingetrieben werden. Vielmehr kommt es auf eine klischeefreie und lebensnahe Darstellung an, verbunden mit der Einladung von „Fachleuten" (z.B. Vertreter von Umwelt- und Naturschutzverbänden, Verbraucherberater, Mitbürger und Asylanten aus der Dritten Welt oder Entwicklungshelfer) und praktischen Aktivitäten (z.B. Recycling im Kindergarten, Sammeln von Müll bei Spaziergängen, Übernahme der Patenschaft für ein „Stück" Natur, Gestaltung des Speiseplans unter ökologischen Gesichtspunkten oder unter Berücksichtigung der Interessen der Dritten Welt, Unterstützung eines Kindergartens oder Waisenhauses in einem Entwicklungsland mit Austausch von Bildern und Kassetten). Ein Beispiel (Merz 1984, S. 20):

„Nachdem den Kindern in anderen Angeboten ganz deutlich geworden ist, wie nützlich Wasser ist, und wir sehr darauf angewiesen sind, sauberes

Wasser zu haben, stellt sich die Frage, wie man verschmutztes Wasser wieder sauber machen kann.

Kinder spielen ein Rollenspiel:

Eines ist der Bauer, der sein Abwasser in den Bach leitet (das Wasser ist ganz braun), eines der Kinder spielt eine Frau, die alle ihre Abfälle in den Bach wirft. Die anderen Kinder spielen die empörten anderen Leute: die Frau, die sauberes Wasser zum Gießen und Kochen braucht, die Kinder, die duschen und schwimmen wollen, die durstigen, die Wasser trinken wollen...

Nach der großen Auseinandersetzung wird beschlossen, das Wasser zu reinigen. Im Verlauf des Rollenspieles haben die Kinder Wasser in einer Wanne verdreckt. ‚Wir haben Dreckwasser draus gemacht!‘ – ‚Die Wanne ist unser Bach.‘

Experiment: In einem großen Sieb werden zuerst Stoff, dann Aktivkohle, darauf Sand und darauf Torf und nochmal Sand geschichtet. Das verschmutzte Wasser, das oben braun hineingegossen wird (langsam, am besten schöpflöffelweise), kommt unten sauber wieder heraus! Die Kinder sind begeistert, die Erzieherin erklärt ihnen, daß genauso die Bäche und Flüsse bei uns immer wieder in der Kläranlage gereinigt werden müssen. Sie deutet auch an, daß es Stoffe gibt, die auf diese Art und Weise nicht aus dem Wasser wieder rauszubringen sind und daß diese besonders gefährlich sind, weil sie das Wasser vergiften können und man sie nicht einmal sehen oder riechen kann.“

In den letzten Jahren ist in Deutschland eine lebhafte Diskussion über die Rechte von Kindern zustandegekommen, wie sie z.B. in der nachstehend auszugsweise abgedruckten UN-Konvention über die Rechte des Kindes niedergelegt wurden. Auch Kindergärten dürfen sich nicht länger diesem Thema verschließen. Zum einen gilt es, Kinder über ihre Rechte kindgemäß zu informieren. Hierzu kann z.B. schon auf mehrere Bilderbücher zurückgegriffen werden. Zum anderen kann der Kindergarten einen Beitrag zur Wahrung der Kinderrechte in der Familie leisten. Beispielsweise können Eltern im Rahmen von Veranstaltungen über diese Rechte unterrichtet werden. Auch können sich Erzieherinnen so weit sensibilisieren, daß sie schon die ersten Anzeichen von Kindesmißhandlung, sexuellem Mißbrauch, Vernachlässigung und anderen Gefährdungen erkennen. Vor allem aber gilt es, die Rechte der Kinder in der Einrichtung, im Alltagsgeschehen, in der pädagogischen Arbeit zu achten. Dazu gehört auch, ihnen alters-

Auszug aus der UN-Konvention über die Rechte des Kindes (zitiert nach Zeitschrift für Jugendrecht 1990, 77, S. 578-585)

Artikel 3

(1) Bei allen Maßnahmen, die Kinder betreffen, gleichviel ob sie von öffentlichen oder privaten Einrichtungen der sozialen Fürsorge, Gerichten, Verwaltungsbehörden oder Gesetzgebungsorganen getroffen werden, ist das Wohl des Kindes ein Gesichtspunkt, der vorrangig zu berücksichtigen ist.

Artikel 14

(1) Die Vertragsstaaten achten das Recht des Kindes auf Gedanken-, Gewissens- und Religionsfreiheit.

(2) Die Vertragsstaaten achten die Rechte und Pflichten der Eltern und gegebenenfalls des Vormunds, das Kind bei der Ausübung dieses Rechts in einer seiner Entwicklung entsprechenden Weise zu leiten.

(3) Die Freiheit, seine Religion oder Weltanschauung zu bekunden, darf nur den gesetzlich vorgesehenen Einschränkungen unterworfen werden, die zum Schutz der öffentlichen Sicherheit, Ordnung, Gesundheit oder Sittlichkeit oder der Grundrechte und -freiheiten anderer erforderlich sind.

Artikel 15

(1) Die Vertragsstaaten erkennen das Recht des Kindes an, sich frei mit anderen zusammenzuschließen und sich friedlich zu versammeln.

(2) Die Ausübung dieses Rechts darf keinen anderen als den gesetzlich vorgesehenen Einschränkungen unterworfen werden, die in einer demokratischen Gesellschaft im Interesse der nationalen oder der öffentlichen Sicherheit, der öffentlichen Ordnung (ordre public), zum Schutz der Volksgesundheit oder der öffentlichen Sittlichkeit oder zum Schutz der Rechte und Freiheiten anderer notwendig sind.

Artikel 16

(1) Kein Kind darf willkürlichen oder rechtswidrigen Eingriffen in sein Privatleben, seine Familie, seine Wohnung oder seinen Schriftverkehr oder rechtswidrigen Beeinträchtigungen seiner Ehre und seines Rufes ausgesetzt werden.

(2) Das Kind hat Anspruch auf rechtlichen Schutz gegen solche Eingriffe oder Beeinträchtigungen.

Artikel 18

(1) Die Vertragsstaaten bemühen sich nach besten Kräften, die Anerkennung des Grundsatzes sicherzustellen, daß beide Elternteile gemeinsam für die Erziehung und Entwicklung des Kindes verantwortlich sind. Für die Erziehung und Entwicklung des Kindes sind in erster Linie die Eltern oder gegebenenfalls der Vormund verantwortlich. Dabei ist das Wohl des Kindes ihr Grundanliegen.

(2) Zur Gewährleistung und Förderung der nach diesem Übereinkommen festgelegten Rechte unterstützen die Vertragsstaaten die Eltern und den Vormund in angemessener Weise bei der Erfüllung ihrer Aufgabe, das Kind zu erziehen, und sorgen für den Ausbau von Institutionen, Einrichtungen und Diensten für die Betreuung von Kindern.

(3) Die Vertragsstaaten treffen alle geeigneten Maßnahmen, um sicherzustellen, daß Kinder berufstätiger Eltern das Recht haben, die für sie in Betracht kommenden Kinderbetreuungsdienste und -einrichtungen zu nutzen.

Artikel 19

(1) Die Vertragsstaaten treffen alle geeigneten Gesetzgebungs-, Verwaltungs-, Sozial- und Bildungsmaßnahmen, um das Kind vor jeder Form körperlicher oder geistiger Gewaltanwendung, Schadenszufügung oder Mißhandlung, vor Verwahrlosung oder Vernachlässigung, vor schlechter Behandlung oder Ausbeutung einschließlich des sexuellen Mißbrauchs zu schützen, solange es sich in der Obhut der Eltern oder eines Elternteils, eines Vormunds oder anderen gesetzlichen Vertreters oder einer anderen Person befindet, die das Kind betreut.

(2) Diese Schutzmaßnahmen sollen je nach den Gegebenheiten wirksame Verfahren zur Aufstellung von Sozialprogrammen enthalten, die dem Kind und denen, die es betreuen, die erforderliche Unterstützung gewähren und andere Formen der Vorbeugung vorsehen sowie Maßnahmen zur Aufdeckung, Meldung, Weiterverweisung, Untersuchung, Behandlung und Nachbetreuung der in Absatz 1 beschriebenen Fällen schlechter Behandlung von Kindern und gegebenenfalls für das Einschreiten der Gerichte.

Artikel 27

(1) Die Vertragsstaaten erkennen das Recht jedes Kindes auf einen seiner körperlichen, geistigen, seelischen, sittlichen und sozialen Entwicklung angemessenen Lebensstandard an.

(2) Es ist in erster Linie Aufgabe der Eltern oder anderer für das Kind verantwortlicher Personen, im Rahmen ihrer Fähigkeiten und finanziellen

Möglichkeiten die für die Entwicklung des Kindes notwendigen Lebensbedingungen sicherzustellen.

(3) Die Vertragsstaaten treffen gemäß ihren innerstaatlichen Verhältnissen und im Rahmen ihrer Mittel geeignete Maßnahmen, um den Eltern und anderen für das Kind verantwortlichen Personen bei der Verwirklichung dieses Rechts zu helfen, und sehen bei Bedürftigkeit materielle Hilfs- und Unterstützungsprogrammme insbesondere im Hinblick auf Ernährung, Bekleidung und Wohnung vor.

(4) Die Vertragsstaaten treffen alle geeigneten Maßnahmen, um die Geltendmachung von Unterhaltsansprüchen des Kindes gegenüber den Eltern oder anderen finanziell für das Kind verantwortlichen Personen sowohl innerhalb des Vertragsstaats als auch im Ausland sicherzustellen. Insbesondere fördern die Vertragsstaaten, wenn die für das Kind verantwortliche Person in einem anderen Staat lebt als das Kind, den Beitritt zu internationalen Übereinkünften oder den Abschluß solcher Übereinkünfte sowie andere geeignete Regelungen.

Artikel 29

(1) Die Vertragsstaaten stimmen darin überein, daß die Bildung des Kindes darauf gerichtet sein muß,

a) die Persönlichkeit, die Begabung und die geistigen und körperlichen Fähigkeiten des Kindes voll zur Entfaltung zu bringen;

b) dem Kind Achtung vor den Menschenrechten und Grundfreiheiten und den in der Charta der Vereinten Nationen verankerten Grundsätze zu vermitteln;

c) dem Kind Achtung vor seinen Eltern, seiner kulturellen Identität, seiner Sprache und seinen kulturellen Werten, den nationalen Werten des Landes, in dem es lebt, und gegebenenfalls des Landes, aus dem es stammt, sowie vor anderen Kulturen als der eigenen zu vermitteln;

d) das Kind auf ein verantwortungsbewußtes Leben in einer freien Gesellschaft im Geist der Verständigung, des Friedens, der Toleranz, der Gleichberechtigung der Geschlechter und der Freundschaft zwischen allen Völkern und ethnischen, nationalen und religiösen Gruppen sowie zu Ureinwohnern vorzubereiten;

e) dem Kind Achtung vor der natürlichen Umwelt zu vermitteln.

(2) Dieser Artikel und Artikel 28 dürfen nicht so ausgelegt werden, daß sie die Freiheit natürlicher oder juristischer Personen beeinträchtigen, Bildungseinrichtungen zu gründen oder zu führen, sofern die in Absatz 1 festgelegten Grundsätze beachtet werden und die in solchen Einrichtungen vermittelte Bildung den von dem Staat gegebenenfalls festgelegten Mindestnormen entspricht.

gemäße Mitbestimmungsrechte einzuräumen – wie immer wieder in diesem Buch betont wurde. Kinderkonferenzen sind eine besonders gute Methode, Kindern Mitsprachemöglichkeiten einzuräumen und sie zu motivieren, Angelegenheiten der Gruppe selbständig zu regeln. Dadurch werden nicht nur Gesprächs- und Konfliktlösefertigkeiten, Empathie und Toleranz gefördert, sondern auch die Kinder auf ein Leben in einer Demokratie vorbereitet.

Öffnung der Kindertageseinrichtung für die Politik bedeutet auch, daß Erzieherinnen aktiv werden und sich für einen qualitativ hochwertigen, kindgemäßen und entwicklungsfördernden Kindergarten sowie für eine Verbesserung ihrer Situation einsetzen. In Berufs- und Fachverbänden können sie entsprechende Kriterien wie Anforderungen an ihre Aus- und Fortbildung oder sinnvolle Rahmenbedingungen erarbeiten, die dann öffentlich gemacht sowie gegenüber Politikern und anderen Entscheidungsträgern geäußert werden. Aber auch vor Ort können Erzieherinnen aktiv werden und so Verbesserungen erreichen: Anpassung der Öffnungszeiten an den Bedarf (z.B. in Verbindung mit einer entsprechenden Elternbefragung), Renovierung und bessere Ausstattung der Einrichtung, Behebung des Platzmangels (auch durch Einmischung in die Kindergartenbedarfs- bzw. Jugendhilfeplanung), Einflußnahme auf die nächstgelegene Fachschule (z.B. bessere Betreuung von Praktikantinnen), Hinterfragen der Rolle von Fachberaterinnen usw. Bei manchen solcher Probleme ist es leicht, die Unterstützung des Trägers zu erreichen. Ansonsten können Erzieherinnen Leiterinnengruppen und Arbeitskreise nutzen, um sich zusammenzuschließen und sich gemeinsam für Verbesserungen vor Ort zu engagieren.

Wie bereits erwähnt, sollen sich Erzieherinnen neben anderen sozialpädagogischen Fachkräften laut dem Kinder- und Jugendhilfegesetz (SGB VIII) für eine Verbesserung der Lebensbedingungen von Kindern und Familien einsetzen. Im Achten Jugendbericht wird dieses neue Tätigkeitsmerkmal als „Einmischung" bezeichnet. Hierbei geht es vor allem um die Sensibilisierung der Öffentlichkeit für die allgemeinen und spezifischen Bedürfnisse von Kindern und Eltern, um die Bewußtmachung von Kinderfeindlichkeit und struktureller Rücksichtslosigkeit gegenüber Familien und um konkrete Aktionen, die der Schaffung besserer Entwicklungsbedingungen und dem Abbau der Benachteiligung bestimmter Gruppen dienen sollen.

M. Hildegard Schneider beschreibt nun, wie sich der Kindergarten „Ringheim" in Großostheim für politische Fragen und Aktivitäten öffnete:

„Es begann eigentlich damit, daß ich aufgrund des sozialen Umfeldes vieler unserer Kindergartenkinder in regelmäßigem Kontakt mit einem Sozialarbeiter des Jugendamtes und einem Psychologen der Erziehungsberatungsstelle stand. Erläuternd muß erwähnt werden, daß der Ort Ringheim mit knapp 3000 Einwohnern als sozialer Brennpunkt in der Region gilt und einen hohen Prozentsatz an Ausländern, Aussiedlern und Sozialhilfeempfängern hat. Es gibt kaum Angebote im kulturellen, sozialen, musischen und sportlichen Bereich. So entstand die Idee, ein ‚Netzwerk‘ zu bilden, damit möglichst viele ‚Dienste‘, Gruppen und Organisationen für die Anliegen der Kinder und Jugendlichen hellhörig werden. Konkret wurde nach Möglichkeiten gesucht, um vor allem Schulkinder am Nachmittag von der Straße wegzuholen sowie ihnen Anreize für die Hausaufgabenerledigung und die Freizeitgestaltung zu bieten. Ferner sollten Antworten auf die jeweilige Lebenssituation von Kindern und Familien in Ringheim gefunden werden.
Der Sozialarbeiter des Jugendamtes, der auch der eigentliche Initiator dieser ‚Netzwerkidee‘ war, lud Vertreter von Kindergarten, Schule, Kirche, Jugendamt, Erziehungsberatung, Kommune, Elternbeirat und Sportverband zu Treffen in den Kindergarten ein. Das Ergebnis dieser Gespräche verdeutlichte, daß die Altersgruppe der drei- bis sechsjährigen Kinder im Erziehungs-, Bildungs- und Betreuungsbereich ein optimales Angebot im Kindergarten erhält, daß aber die Schulkinder am Nachmittag kaum die Möglichkeit haben, sich zu begegnen. Eine Ausnahme sind die Kinder- und Jugendgruppen in der Pfarrei und das Angebot des Fußballvereins zu Trainingsstunden. Etwa ein halbes Jahr lang wurden daraufhin vom Allgemeinen Sozialdienst (ASD) des Jugendamtes Hausaufgabenbetreuung und Freizeitgestaltung in den Räumen der Pfarrei angeboten. Dennoch scheiterte das ganze Unternehmen, da es m.E. am personellen Angebot und an den entsprechenden Räumlichkeiten fehlte.
Für mich bzw. unseren Kindergarten war dies ein Auslöser, unsere Arbeit neu zu überdenken. Zu diesem Zeitpunkt wurde von der Kommune ein neuer Kindergarten geplant, der unmittelbar an den unseren angrenzen sollte. Dies veranlaßte mich, gemeinsam mit dem Kindergartenteam eine neue Konzeption zu erstellen, um aus den beiden Kindergärten ein Kindertageszentrum entstehen zu lassen. Unsere Konzeption hatte drei Ziele:

— mit einer Situationsanalyse die örtliche Infrastruktur, die Gemeinde- und Sozialstruktur aufzuzeigen;
— unsere Arbeit gegenüber der Öffentlichkeit darzustellen;
— die bisherigen pädagogischen Zielsetzungen sowie die Veränderungen und Erweiterungen für die Praxis festzuhalten.

Nahezu ein ganzes Jahr nahm die Konzeptionserstellung in Anspruch. Das Ergebnis war für alle, die daran mitgearbeitet hatten, sehr positiv. Die Erzieherinnen waren in ihrer Argumentation nach außen hin, also den Eltern, Lehrern und Kolleginnen gegenüber, sicherer geworden und konnten nun ihre pädagogische Arbeitsweise fundierter darstellen. Mit Fertigstellung der Konzeption war uns allen bewußt, daß der Kindergarten einen weit größeren Stellenwert in der Gesellschaft hat, als wir bisher registriert hatten.

Im September 1994 veränderte sich unsere Arbeit nach außen hin ganz wesentlich. Nach einem langen Weg des Schriftverkehrs und vieler Gespräche mit dem Jugendamt, der Regierung und dem Ministerium erhielten wir die Genehmigung, beide Kindergärten als eine konzeptionelle Einheit zu führen und Schulkinder, wie im Konzept vorgesehen, zu integrieren. Die Erweiterung der Öffnungszeiten, die Möglichkeit der Mittagsbetreuung und die Altersgruppenerweiterung waren logische Schlußfolgerungen aus unserer Konzeption.

Dies war Anlaß, daß sich nun die politischen Parteien für unseren Kindergarten interessierten. Zu verschiedenen Fraktionssitzungen wurde ich eingeladen, um über die Arbeit im ‚Kindertageszentrum' zu berichten. Das Interesse der Verantwortlichen war zu spüren, und sie brachten ihre Wertschätzung hinsichtlich der von uns geleisteten Arbeit zum Ausdruck.

Von 1990 bis 1996 war ich stimmberechtigtes Mitglied im Jugendhilfeausschuß. Mit Inkrafttreten des neuen Kinder- und Jugendhilfegesetzes (SGB VIII) wurde auch ein neuer Jugendhilfeplan für den Landkreis erstellt. In § 2 SGB VIII sind die Aufgaben der Jugendhilfe aufgeführt; darunter fällt die Förderung von Kindern in Tageseinrichtungen und in der Tagespflege. Meine Aufgabe war es, die Familiensituation heute und die Bedürfnisse von jungen Familien, aber auch die Situation von Ein-Eltern-Familien, zu erfassen und darzulegen. Erfahrungen und Erkenntnisse aus dieser Situationsanalyse sind in den Jugendhilfeplan eingeflossen. Für mich ist die Mitarbeit im Jugendhilfeausschuß ein wichtiger Faktor der Gemeinwesenarbeit, denn hier geht es um Fragen der Kinder-, Jugend- und Familienpolitik vor Ort. Konkret hieß dies für mich, mich auch außerhalb der Öffnungszeiten des Kindergartens für das Wohl des Kindes einzusetzen.

Ein weiterer wesentlicher Bestandteil meiner Arbeit sind die Kontakte zur Pfarrei – obwohl unsere Einrichtung kein Pfarrkindergarten ist. Ich bin in verschiedenen Gremien und Ausschüssen der Pfarrei tätig: im Pfarrgemeinderat, im Familiengottesdienstkreis und im Liturgieausschuß. Diese Verbindungen ermöglichen es mir, die Belange der Kinder und Familien in die seelsorgliche Arbeit einzubringen. Bei Festen und Feiern hat der Kindergarten einen festen Platz in der Pfarrei.

Die Schwerpunkte, an denen wir in unserer Einrichtung arbeiten, sind die Weiterentwicklung der Betreuungsformen und die Öffnung der Tagesstätte nach innen und außen. Ferner soll die Einrichtung zu einem Ort der Begegnung und Kommunikation werden. Dabei spielt die Vernetzung der Kindertagesstätte mit den verschiedenen Diensten und Einrichtungen der Pfarrei eine wichtige Rolle.

Viele Außenkontakte unserer Einrichtung haben dazu beigetragen, daß wir ein wichtiger Bestandteil des örtlichen öffentlichen Lebens geworden sind. Der Kindergarten ist der Ort, an dem junge Familien integriert sowie Alteingesessene und Neuzugezogene miteinander ins Gespräch gebracht werden. Auch ist er mehr oder weniger zur Anlaufstelle bei vielen sozialen Fragen geworden."

Dieses Beispiel verdeutlicht, wie z.b. über die Mitarbeit im Jugendhilfeausschuß oder in Gremien der Pfarrei ein Beitrag zur Verbesserung der Lebensbedingungen von Kindern und Familien geleistet werden kann. Alternative Wege sind Lobbyarbeit, die Kooperation mit Wohlfahrtsverbänden, die Mitarbeit in Bürgerinitiativen und Vereinen sowie das Einladen des Bürgermeisters, eines Stadt- bzw. Gemeinderats oder eines Abgeordneten in die Tageseinrichtung.

Erzieherinnen können aber auch Eltern aktivieren und über sie indirekt wirken. So sollte zumindest die Kindergartenleiterin wissen, welche Eltern öffentliche (Ehren-)Ämter ausüben und Einfluß haben. Von Bedeutung sind auch Personen, die viel Kontakt zu anderen Menschen haben und als Multiplikatoren wirken können (einschließlich von Journalisten). Zu beachten ist aber, daß der Anteil von Familien mit Kleinkindern an der gesamten Bevölkerung immer kleiner wird – und damit als Zielgruppe für Politiker immer unwichtiger: Wahlen werden zunehmend mit den Stimmen von älteren Erwerbstätigen, Senioren und Singles gewonnen. Verbesserungen für Kinder und Familien lassen sich somit häufig nur erreichen, wenn neben den Kindergarteneltern weitere Bevölkerungsgruppen aktiviert werden können. Wollen Erzieherinnen politisch Einfluß nehmen, müssen sie also einerseits die politischen Strukturen (Machtverhältnisse, Entscheidungsfindungsprozesse usw.) kennen sowie andererseits die Zusammenarbeit mit wichtigen Organisationen und Einzelpersonen suchen.

Ein Ziel der von Kindergärten ausgehenden Aktionen kann sein, die Öffentlichkeit bzw. Politiker auf Probleme von Kindern und Familien aufmerksam zu machen. Beispielsweise können die Eltern über ihre Situation befragt und die Umfrageergebnisse dann veröffentlicht werden. Eine Stadterkundung mit Familien oder – noch besser – Kommunalpolitikern unter dem Stichwort „Spielräume für Kinder" oder eine Ausstellung „Unser Dorf damals – heute" (siehe S. 130-134) kann verdeutlichen, wie sich die Entwicklungsbedingungen von Kindern verändert bzw. verschlechtert (oder auch verbessert) haben. Ein anderes Ziel von Aktionen können ganz konkrete Verbesserungen sein: ein neuer oder attraktiver gestalteter Spielplatz, eine verkehrsberuhigte Spielstraße, eine Ampelanlage vor dem Kindergarten, die Ausweisung eines Fahrradweges, der Erhalt einer Grünfläche, die Bestellung eines Kinderbeauftragten im Gemeinde- bzw. Stadtrat, die Förderung einer Familienselbsthilfeinitiative, die Schaffung eines Mutter-Kind-Treffs oder neue Betreuungsangebote, z.B. für Schulkinder. Auch können Kindergärten eine örtliche Kampagne „Unser Dorf/unser Stadtteil soll kinderfreundlicher werden" initiieren, die beispielsweise vom Jugendamt durchgeführt und einer Sparkasse oder Bank bezuschußt werden kann. In all diesen Fällen erweitern Erzieherinnen ihr Berufsbild, werden sie zu „Fachfrauen für Kindheitsfragen" in ihrer Kommune.

Politik für Kinder sollte auch Politik mit Kindern sein. So können diese in viele Aktionen wie Ortserkundungen oder Besuche beim Bürgermeister einbezogen werden – an der Planung und Durchführung. Auch können sich Erzieherinnen dafür einsetzen, daß Kinderausschüsse oder -parlamente geschaffen werden, in denen Kinder ihre Bedürfnisse und Wünsche verbalisieren und der Öffentlichkeit kundtun können. Auf diese Weise kann erreicht werden, daß sich nicht nur der Kindergarten, sondern auch die Gesellschaft mehr für die Lebensperspektive von Kindern öffnet und diesen mehr Partizipationsmöglichkeiten einräumt.

Literatur

Berger, I./Colberg-Schrader, H./Krug, M./Wunderlich, T. (Hg.): Land-Kinder-Gärten. Ein Projektbuch des Deutschen Jugendinstituts. Freiburg: Lambertus 1992

Bott, W.: Der Schulförderverein. Mustersatzung und Gründungshinweise. Schulmanagement 1992, 23 (2), S. 19-23

Braun, R.: Offene Gruppen in Tageseinrichtungen für Kinder. In: Deutsches Jugendinstitut (Hg.): DJI-Projekt Orte für Kinder. Zweite zentrale Arbeitstagung der Teilnehmer/-innen aus den Modellstandorten. München: Selbstverlag 1992, S. 94-102

Deutscher Bildungsrat: Strukturplan für das Bildungswesen. Empfehlungen der Bildungskommission. Stuttgart: Ernst Klett 1973

Deutsches Jugendinstitut (Hg.): Orte für Kinder. München: DJI Verlag 1994

Diakonisches Werk der Evangelisch-Lutherischen Kirche in Bayern/Evangelische Aktionsgemeinschaft für Familienfragen (EAF) – Landesarbeitskreis Bayern (Hg.): Im Blickpunkt: Familie. Angebote der evangelischen Kirche und ihrer Diakonie. Nürnberg: Selbstverlag, 4. Aufl. 1994

Englert, H./Parg, K./Rossmann, L./Schnarr, A./Haberkorn, R.: Zwischen Rückzug und Offenheit. Räume für alterserweiterte Gruppen. Welt des Kindes 1994, 72 (2), S. 38-40

Erath, P.: Abschied von der Kinderkrippe. Plädoyer für altersgemischte Gruppen in Tageseinrichtungen für Kinder. Freiburg: Lambertus 1992

Faltermeier, J./Gross, H.: Familienunterstützende und -ergänzende Hilfen. In: Deutscher Verein für öffentliche und private Fürsorge (Hg.): Fachlexikon der sozialen Arbeit. Frankfurt: Eigenverlag des Deutschen Vereins 1980, S. 277-278

Fellner, A.: Der Kindergarten. Erziehungslehre und Kindergartentheorie für Kindergärtnerinnen-Bildungsanstalten. Wien: Verlag von A. Pichlers Witwe & Sohn 1901

Gründel, S.: Das Modell altersgemischte Kindergruppe. Eine besondere Form der Kindertagesbetreuung. Unsere Kinder 1995, 50 (1), S. 14-15

Haberkorn, R.: Altersgemischte Gruppen. Eine Organisationsform mit vielen Chancen und der Aufforderung zu neuen Antworten. In: Deutsches Jugendinstitut (Hg.): Orte für Kinder. Auf der Suche nach neuen Wegen in der Kinderbetreuung. München: DJI Verlag Deutsches Jugendinstitut 1994, S. 129-148

Hense, M./Rölleke, M.: „Kindergarten find' ich gut!" Kinderzeit 1991, 41 (1), S. 15-17

Hopf, A.: Öffnung der Kindergärten. Handbuch der Elementarerziehung. Seelze-Velber: Kallmeyer, 1. Lieferung 1988

Huppertz, N.: Die Leitung des Kindergartens. Praktische Hilfen für eine verantwortungsvolle Aufgabe. Freiburg: Herder 1986

Katz, L.G./Chard, S.C.: Engaging children's minds: the project approach. Norwood: Ablex 1989

Klein, L./Vogt, H.: Leben in der Familiengruppe. Ein Praxisbuch über die große Altersmischung. Freiburg: Lambertus 1995

Kühn, D.: Netzplantechnik. In: Deutscher Verein für öffentliche und private Fürsorge (Hg.): Fachlexikon der sozialen Arbeit. Frankfurt: Eigenverlag des Deutschen Vereins 1980, S. 538-539

Merker, H./Schlüter-Kröll, K.: Altersgemischte Gruppen (0,4-6 Jahre) in Tageseinrichtungen – Entwicklungschancen für Kinder. Christ und Bildung 1991, 37, S. 343-345

Merz, C.: Umweltbewußtsein – Umweltschutz. Kindergarten heute 1984, 14, S. 17-20

Ministerium für Kultur, Jugend, Familie und Frauen des Landes Rheinland-Pfalz (Hg.): „Haus für Kinder". Abschlußbericht. Mainz: Selbstverlag 1994

Morgenstern, L.: Das Paradies der Kindheit. Eine ausführliche Anleitung für Mütter und Erzieherinnen. Leipzig: Verlag von Ferdinand Hirt und Sohn 1871

Nachbargauer, R./Reithner, B./Teufel, M.: Vom Nebeneinander zum Miteinander. Gruppenübergreifendes Arbeiten im Kindergarten. Unsere Kinder 1996, 51, S. 86-87

Schäfer, M.: Viele Wege führen zum Ziel. Die Umwandlung von Regeleinrichtungen zu Kindergemeinschaftsgruppen. Kindergarten heute 1993, 23 (5), S. 26-36

Sozialpädagogische Fortbildungsstätte Haus am Rupenhorn/Der Senator für Schulwesen, Jugend und Sport Berlin: Altersmischung – Materialien und Anregungen für die Arbeit in der Kindertagesstätte. In: Ministerium für Bildung, Jugend und Sport des Landes Brandenburg (Hg.): Kita Debatte, Schwerpunkt Altersmischung. Potsdam: Selbstverlag 1993, S. 42-45

Sundell, K.: Instructional style, age span in child groups and speech, cognitive and socioemotional status. In: Laevers, F. (Hg.): Defining and assessing quality in early childhood education. Leuven: Leuven University Press 1994a, S. 27-37

Sundell, K.: Mixed-age groups in Swedish nursery and compulsory schools. Manuskript. Stockholm: Stockholm Social Welfare Administration, Bureau for Research and Development 1994b

Team des Städtischen Kindergartens Graz-Rosenhain: Es begann mit einem Umweltprojekt ... oder Eigenständigkeit und Gemeinsamkeit in der Arbeit mit Kindergartengruppen. Unsere Kinder 1996, 51, S. 84-85

Textor, M.R.: Kind, Familie, Kindergarten. München: Don Bosco 1992

Textor, M.R.: Familien: Soziologie, Psychologie. Eine Einführung für soziale Berufe. Freiburg: Lambertus, 2. Aufl. 1993

Textor, M.R. (Hg.): Elternarbeit mit neuen Akzenten: Reflexion und Praxis. Freiburg: Herder 1994

Textor, M.R.: Projektarbeit im Kindergarten: Planung, Durchführung, Nachbereitung. Freiburg: Herder 1995

Textor, M.R.: Konzeptionsentwicklung in Kindertageseinrichtungen. In: Schüttler-Janikulla, K. (Hg.): Handbuch für ErzieherInnen in Krippe, Kindergarten, Vorschule und Hort. Neuausgabe. München: mvg-Verlag, 20. Lieferung 1996

Thiersch, R.: Altersmischung. Klein & Groß 1995, 48 (1), S. 16-19

Will, R.: Altersgemischte Gruppen – Ein neuer Weg in der Erziehung? Christ und Bildung 1991, 37, S. 345-347

konzeptbuch kindergarten

konzeptbuch kindergarten

Ingeborg Becker-Textor
Ohne Spielzeug
Spielzeugfreier Kindergarten –
ein Konzept stellt sich vor
176 Seiten, Paperback
ISBN 3-451-26388-2

Ingeborg Becker-Textor
Kindergarten 2010
Traum - Vision - Realität
144 Seiten, Paperback
ISBN 3-451-22987-0

Ingeborg Becker-Textor/Martin R. Textor
Der offene Kindergarten
Vielfalt der Formen
160 Seiten, Paperback
ISBN 3-451-26290-8

Armin Krenz
Kompetenz und Karriere
Für ein neues Selbstverständnis der Erzieherin
160 Seiten, Paperback
ISBN 3-451-23009-7

Im Buchhandel erhältlich

HERDER

praxisbuch kindergarten

Für Ausbildung und Beruf

Sozial-Emotionale Erziehung

Armin Krenz/Heidi Rönnau
Entwicklung und Lernen im Kindergarten
Psychologische Aspekte und pädagogische Hinweise
für die Praxis
ISBN 3-451-20128-3

Gerda Lorentz
Freispiel im Kindergarten
Chancen seines bewußten Einsatzes
ISBN 3-451-19330-2

Alexander Sagi
Verhaltensauffällige Kinder im Kindergarten
Ursachen und Wege zur Heilung
ISBN 3-451-19324-8

Adelheid von Schwerin
Sprache haben - sprechen können
Hilfen für sprach- und sprechauffällige Kinder
im Kindergarten
ISBN 3-451-21068-1

Margarete Blank-Mathieu
Kleiner Unterschied – große Folgen?
Zur geschlechtsbezogenen Sozialisation
im Kindergarten
ISBN 3-451-26201-0

HERDER

Im Buchhandel erhältlich!

praxisbuch kindergarten

Für Ausbildung und Beruf

Sozial-Emotionale Erziehung

Wolf-Wedigo Wolfram
Hyperaktive und unruhige Kinder im Kindergarten
Hilfen für Erzieherinnen
ISBN 3-451-26359-9

Ingeborg Becker-Textor
**Schwierige Kinder gibt es nicht
– oder doch?**
„Problemkinder" im Kindergarten
ISBN 3-451-21451-2

Monika Bröder
Das erste Jahr im Kindergarten
Anregungen und Hilfen für einen gelungenen Start
ISBN 3-451-26200-2

Monika Bröder/Ulrike Hilbich
Das letzte Jahr im Kindergarten
Entwicklungsgerecht begleiten
ISBN 3-451-22764-9

Volker Friebel
Wie Stille zum Erlebnis wird
Sinnes- und Entspannungsübungen im Kindergarten
ISBN 3-451-23556-0

Heidi Friedrich
Beziehungen zu Kindern gestalten
Einsichten und Übungen für den Alltag
ISBN 3-451-22960-9

HERDER

Im Buchhandel erhältlich!